历史穿越报
五代十国 卷

彭凡 著

化学工业出版社
·北京·

图书在版编目（CIP）数据

历史穿越报. 五代十国卷/彭凡著. —北京：化学工业出版社，2018.10（2021.4重印）
ISBN 978-7-122-32751-2

Ⅰ.①历⋯　Ⅱ.①彭⋯　Ⅲ.①中国历史-五代十国时期-青少年读物　Ⅳ.①K209

中国版本图书馆CIP数据核字（2018）第171858号

责任编辑：刘亚琦　丁尚林　　　　　　装帧设计：尹琳琳
责任校对：宋　夏

出版发行：化学工业出版社（北京市东城区青年湖南街13号　邮政编码100011）
印　　装：天津图文方嘉印刷有限公司
710mm×1000mm　1/16　印张13¼　2021年4月北京第1版第7次印刷

购书咨询：010-64518888　　售后服务：010-64518899
网　　址：http://www.cip.com.cn
凡购买本书，如有缺损质量问题，本社销售中心负责调换。

定　　价：39.80元　　　　　　　　　　　　　　　　版权所有　违者必究

五代十国帝王世系表

庙号/谥号	姓名	在位时间
五代·后梁		
梁太祖	朱温，又名朱晃、朱全忠	907—912 年
梁郢王/庶人	朱友珪 (guī)	912—913 年
梁末帝	朱瑱 (zhèn)	913—923 年
五代·后唐		
唐庄宗	李存勖 (xù)	923—926 年
唐明宗	李嗣 (sì) 源，又名李亶 (dǎn)	926—933 年
唐闵 (mǐn) 帝	李从厚	933—934 年
唐末帝	李从珂 (kē)	934—936 年
五代·后晋		
晋高祖	石敬瑭 (táng)	936—942 年
晋出帝	石重贵	942—946 年
五代·后汉		
汉高祖	刘知远 (暠)	947—948 年
汉隐帝	刘承佑	948—950 年
五代·后周		
周太祖	郭威	951—954 年
周世宗	柴荣	954—959 年
周恭帝	柴宗训	959—960 年
十国·前蜀		
蜀高祖	王建	907—918 年
蜀后主	王衍 (yǎn)	918—925 年

续表

庙号/谥号	姓名	在位时间
十国·后蜀		
蜀高祖	孟知祥	934年
蜀后主	孟昶(chǎng)	934—965年
十国·南吴		
吴太祖	杨行密	902—905年
吴烈宗	杨渥(wò)	905—908年
吴高祖	杨隆演	908—920年
吴睿帝	杨溥(pǔ)	920—937年
十国·南唐		
唐烈祖	李昪(biàn),又名徐知诰	937—943年
唐元宗	李璟(jǐng)	943—961年
唐后主	李煜(yù)	961—975年
十国·吴越		
吴越武肃王	钱镠(liú)	907—932年
吴越文穆王	钱元瓘(guàn)	932—941年
吴越忠献王	钱佐(亦作钱弘佐)	941—947年
吴越忠逊王	钱倧(zōng)	947年
吴越忠懿王	钱俶(chù)	948—978年
十国·闽		
闽太祖	王审知	909—925年
闽嗣王	王延翰	925—926年
闽惠宗	王延钧	926—935年
闽康宗	王继鹏(昶)	935—939年
闽景宗	王延羲(王曦)	939—943年
闽福王/闽殷帝	王延政	943—945年

续表

庙号/谥号	姓名	在位时间
十国·南平		
南平武信王	高季兴	924—928年
南平文献王	高从海	928—948年
南平贞懿王	高保融	948—960年
南平贞安王	高保勖	960—962年
南平德仁王	高继冲	962—963年
十国·南汉		
南汉高祖	刘岩	917—942年
南汉殇帝	刘玢(bīn)	942—943年
南汉中宗	刘晟(shèng)	943—958年
南汉后主	刘继兴(铱)	958—971年
十国·南楚		
楚武穆王	马殷	927—930年
楚衡阳王	马希声	930—932年
楚文昭王	马希范	932—947年
楚废王	马希广	947—950年
楚恭孝王	马希萼(è)	950年
	马希崇	950—951年
十国·北汉		
北汉世祖	刘崇(旻)	951—954年
北汉睿宗	刘钧	954—968年
北汉少主	刘继恩	968年
北汉英武帝	刘继元	968—979年

五代十国卷

前 言

　　一般的历史书，记录的都是过去的回忆。但是，我相信，人们更想亲自回到古代，看看古人的真实生活、历史的真实面貌。

　　如果回到过去，你会发现，那时的土地，就像现在的房子一样金贵；那时的人们渴望飞上蓝天，就像我们今天渴望到达宇宙边缘一样执着；那时的人们发明火药、指南针，就像现在我们发明了电脑一样伟大……

　　那时虽然没有电视，没有网络，但也有数不完、道不尽的新闻。那时的人和现在的我们一样，也要学习、工作和娱乐，也会七嘴八舌地讨论当时最流行的话题，疯狂地崇拜明星。

　　例如，当花木兰从战场上回来后，女扮男装成了一种时尚；

　　当岳飞被秦桧害死后，老百姓一边痛骂秦桧，一边怀疑岳飞的真正死因；

　　当朱元璋从一个放牛娃变成皇帝后，全天下的放牛娃都受到了鼓舞；

　　……

　　现在，你是不是迫不及待地想回到古代，在第一时间了解这些新闻呢？别急，我们已经派人穿越到过去，将你想知道的事情一一记录下来，刊登在《历史穿越报》上啦。

　　为了方便大家阅读，我们将《历史穿越报》做成了合订本，一共

  10本，每本12期，分别介绍了从夏朝到清朝十个阶段的历史。

  我们的记者队伍非常庞大，他们分布在全国各地，将自己身边发生的新鲜事儿记录下来，寄到我们的编辑部。在这些记者中，有人喜欢记录重大事件，我们将这些稿件放在"天下风云"栏目；还有人喜欢搜集趣闻八卦，我们将这些稿件放在"八卦驿站"栏目。

  《历史穿越报》还有一批非常勤奋的通讯员，每天穿梭在各大茶馆。不过，他们可不是去喝茶的哦，而是为了搜集百姓的心声，然后刊登在"百姓茶馆"栏目中。

  我们还有一位大嘴记者，专门负责采访当时最杰出，或者最有争议的人物。他是一个非常大胆的家伙，就算是皇帝，他也要刁难一下，大人物对他的采访既期待又害怕。

  此外，编辑们还选出了一部分读者来信和广告，刊登在报纸上。

  总之，每一期报纸，既有精彩好看的新闻报道、另类幽默的名人访谈，又有轻松搞笑的卡通漫画、五花八门的宣传广告……翻开这本书，就如同亲身穿越神秘的上下五千年。

  希望大家在读完这份报纸后，能更真切地了解中国五千年的历史，并能从中习得经验和教训，获得知识、勇气和快乐，让我们的穿越工夫没有白费。

目 录 ···

第❶期　后梁特刊

【烽火快报】　唐朝最后一个小皇帝被毒杀 15
【绝密档案】　"朱全忠"的发家史 16
【天下风云】　弟弟当皇上，哥哥不买账→柏乡之战，朱温吃了个大败仗→朱温
　　　　　　　被害，谁是凶手→玉玺被盗，皇帝自杀→要不要光复大唐 18
【名人有约】　特约嘉宾：朱温 27
【广 告 铺】　扩军令→发放救济粮→新铁铺开业 29

第❷期　后唐特刊（一）

【烽火快报】　开封被攻，后梁灭亡 31
【绝密档案】　28岁的沙陀统帅→李克用与朱温的恩恩怨怨→
　　　　　　　生子当如李亚子 32
【天下风云】　皇帝的艺名李天下→兄弟相残，争夺皇位→55岁宫女何时回乡 38
【八卦驿站】　末代皇子惊现民间 45
【名人有约】　特约嘉宾：李存勖 46
【广 告 铺】　招兵买马→某将军的声明 48

第❸期　后唐特刊（二）

【烽火快报】	李继岌万念俱灰，上吊自杀 ………………………… 50
【绝密档案】	被逼出来的皇帝 ………………………………… 51
【天下风云】	李嗣源平定叛乱→皇帝竟然是文盲→南汉百姓想移民→文盲皇帝治天下→昔日糕饼美人，今日女中诸葛→党争之乱卷土重来→惊天内幕，太子居然造反→李家养子再次抢走亲子皇位→叛军四起，皇帝自焚 ………………………………… 53
【八卦驿站】	孔青天明察秋毫 ………………………………… 68
【名人有约】	特约嘉宾：李嗣源 ……………………………… 70
【广　告　铺】	求购聂夷中诗集→诚邀驴友结伴出游→招聘建筑师 …… 72
【智者为王】	智者第1关 ……………………………………… 73

第❹期　后晋特刊

【烽火快报】	燕云十六州被卖，举国哀痛 ……………………… 75
【绝密档案】	石敬瑭为什么卖国求荣 …………………………… 76
【天下风云】	来自燕云十六州的信→契丹灭后晋 ……………… 79
【八卦驿站】	佛像竟会说话 …………………………………… 81
【名人有约】	特约嘉宾：刘昫 ………………………………… 82
【广　告　铺】	代寻亲人朋友→吴家收留所开放→庆祝石贼已死 …… 84

第❺期　后汉特刊

【烽火快报】	刘知远建后汉，光复中原	86
【绝密档案】	沙陀臣子变皇帝	87
【天下风云】	大奸臣终于垮台→给契丹"走狗"的回复→郭威平叛，幼主发威	89
【八卦驿站】	慕容彦巧破欺诈案	97
【名人有约】	特邀嘉宾：刘知远	99
【广 告 铺】	明日清扫街道→求见皇上一面→诚信搬家	101

第❻期　后周特刊

【烽火快报】	郭威被逼做皇帝	103
【绝密档案】	扯来黄旗当龙袍	104
【天下风云】	纸衣瓦棺里的好皇帝→南征北战，一代明君→全国展开毁佛运动→给老住持的回复→跑马圈出来的城	106
【八卦驿站】	白兔娘娘李太后	113
【名人有约】	特约嘉宾：冯道	114
【广 告 铺】	文身店开张→招贤纳士	116
【智者为王】	智者第2关	117

第❼期　南吴、南唐特刊

【烽火快报】	吴王宣布与唐朝断绝关系 ·· 119
【绝密档案】	杨行密背后的故事 ·· 120
【天下风云】	小和尚当上了真龙天子→南唐险遭灭亡→李煜到底是词人，还是皇帝？→词人皇帝亡了国→给超级玉米的回复 ········· 123
【八卦驿站】	东边日出西边雨，城郊下雨城内旱 ······························· 131
【名人有约】	特约嘉宾：李煜 ·· 132
【广 告 铺】	庐山国学招生→《李煜全词集》出售→"春花杯"诗词朗诵比赛即将开始 ·· 134

第❽期　前蜀、后蜀特刊

【烽火快报】	前蜀皇帝惨遭灭族 ·· 136
【绝密档案】	西川王步步为营 ·· 137
【天下风云】	赵李相争，谁得利？→董璋反间不成，孟知祥独霸两川→爱美人丢了江山 ·· 139
【名人有约】	特约嘉宾：花蕊夫人 ·· 144
【广 告 铺】	悬赏公告→关于《花间集》的版权问题 ··························· 146

第❾期　吴越国特刊

- 【烽火快报】钱镠被封吴越王 …………………………………………………… 148
- 【天下风云】儿子当了王，老子不买账→钱王偏心，兄弟相争
  →唇亡齿寒，吴越亡国 ………………………………………………………… 149
- 【八卦驿站】西湖差点儿被填埋→钱王射潮→修坝成功，功德碑上却无名 …… 156
- 【名人有约】特约嘉宾：罗隐 …………………………………………………… 160
- 【广 告 铺】征塔名→招倭语翻译一名→召集水利专家 ……………………… 162
- 【智者为王】智者第3关 ………………………………………………………… 163

第❿期　闽国、南平特刊

- 【烽火快报】王审知被封闽王→高季兴被封南平王 …………………………… 165
- 【绝密档案】跟着哥哥打天下 …………………………………………………… 166
- 【天下风云】就算是兄弟，一样要砍头→朝三暮四的南平国→
  被无赖扣留，怎么办？ ………………………………………………………… 168
- 【八卦驿站】民屋竟然建得像皇宫 ……………………………………………… 174
- 【名人有约】特约嘉宾：王审知 ………………………………………………… 176
- 【广 告 铺】甘棠港开放→诚邀各界人士开发泉州→欢迎来闽南游玩 ……… 178

第⑪期 南汉、南楚特刊

【烽火快报】	刘岩自封为王→马殷被封楚国王	180
【绝密档案】	前人栽树后人乘凉，刘岩轻松做皇帝	181
【天下风云】	南平又一次逃过一劫→岳父和女婿之间的战争→给侍卫队长丁思觐的回复→兄弟争权亡了国	183
【八卦驿站】	潮汐捣乱，刘弘操被杀	188
【名人有约】	特约嘉宾：马殷	190
【广 告 铺】	商船第三次下南洋→南汉和楚国实行通婚→求向导一名	192

第⑫期 北汉特刊

【烽火快报】	北汉出了个"石敬瑭"	194
【绝密档案】	刘崇誓报杀子仇	195
【天下风云】	天公不作美，联合契丹也无用→不到黄河心不死，最后兵败如山倒→水淹太原城，北汉灭亡→给北汉老兵的回复	197
【八卦驿站】	北汉官员穷得叮当响	203
【名人有约】	特约嘉宾：郭无为	204
【广 告 铺】	征兵启示→招女婿→当铺抛售货物	206
【智者为王】	智者第4关	207
【智者为王答案】		208

第①期

〖公元907年—公元923年〗

后梁特刊

穿越必读 ▶

　　黄巢起义后,唐朝名存实亡。后梁是五代的第一个朝代,它的建立,标志唐朝正式宣告灭亡,中国历史进入纷乱的五代十国时期。

　　梁太祖朱温在建国之前,就与河东的晋国（即后唐前身）争霸,一直到亡国。后梁只经历了三个皇帝,前后17年。但它却是五代中建国最早、维持时间最长的王朝。

唐朝最后一个小皇帝被毒杀
——来自曹州的加密快报

公元908年3月26日，也就是唐朝灭亡的第二年，一个名叫李柷（zhù）的17岁少年，突然在家中中毒身亡。消息传出后，全国上下一片哗然。

这李柷是唐朝的最后一位皇帝——唐哀帝，13岁那年就成了朱温的傀儡皇帝，16岁被迫退位。

没想到退位还不到一年，李柷就暴死家中，这不得不让人疑窦重生。

有人愤怒地指出，朱温是这场惊变的幕后主使。原因是三年前，李柷的母亲何皇后正是被此人谋害致死；也有人说，是唐朝旧臣想借李柷之名重振皇室，向朱温发兵，这才使朱温生了弑君之心。

可不论怎样，李唐皇室已经没落，这是无法改变的事情。只是可惜了17岁的小皇帝，年纪轻轻就成了权术斗争的牺牲品。

来自曹州的加密快报！

"朱全忠"的发家史

强盗,不要跑!!!

朱温小名"朱三",原本是个无赖,可就是这样一个人,却被唐朝皇帝赐名"全忠",登上了权力的顶峰。他究竟是如何做到的呢?

熟悉朱温的人都知道,朱温是宋州人,他的父亲是个教书先生,可惜死得早。为了讨生活,母亲带着他们三兄弟到大户人家家里当佣工。

可朱温不好好干活,成天不是偷就是抢,一副痞子德行。主人看不惯他,隔三岔五就拿鞭子抽他。但主人的母亲却认为他将来必成大器,总是护着他。

后来,黄巢的起义军路过宋州,朱温一看施展拳脚的机会来了,就拉上二哥报名参军。

朱温平日就爱争强好胜,一到战场上便如鱼得水,常常与敌军贴身肉搏,以一敌三,立了不少战功。短短5年后,30岁的朱温就成了起义军的一员大将,深受黄巢器重。

本来前途一片光明,不料唐军接连打了几场胜仗,将起义军杀得连连败退。

绝密档案

眼看局势逆转，朱温便在心里盘算了一下：唐朝现在气数未尽，若继续跟着黄巢起义，迟早完蛋；若投靠朝廷，说不定还能捞个官当。公元882年，朱温也没跟黄巢打个招呼，就去投奔朝廷了。

唐僖（xī）宗李儇（huán）见起义军的头号将军跑来投降，乐开了花，立刻让他做了大将军，还赐他一个绝世好名"朱全忠"，表扬朱温忠于朝廷，忠于国家。

朱温也果真在平定黄巢的战斗中，立下大功。黄巢死后，朱温就成了汴州（今河南省开封市）、宣武节度使。紧接着，朱温很快又占领了黄河南北的大片土地。

有了地盘和兵马，朱温的野心大大膨胀。他不再满足于做一个小小的节度使了。

25年后，这个"忠臣"不但没有忠于皇帝、忠于唐朝，还连杀了昭宗、哀宗两个皇帝，毁了李家三百年的社稷，建立了梁朝（史称后梁），让当初朱全忠这个意味深长的名字沦为了历史的笑柄。

爱卿这么忠心，以后就叫"全忠"好了。

弟弟当皇上，哥哥不买账

朱温披上了龙袍，各路豪杰纷纷来函表示祝贺，但也有些人并不买账。

其中，河东节度使李存勖因为姓李，认为自己是唐朝皇室"正统"后代，不承认朱温的后梁，称它为"伪汴梁"；前蜀皇帝王建也骂朱温是个无赖，不配当皇上。

这些人的反对本来也很正常，因为他们也想当皇帝。让人意外的是，有个平民竟然也指着朱温的鼻子骂，而朱温却拿他一点儿办法都没有。

这个人就是朱温的亲哥哥朱全昱（yù）。当年朱温参军时，朱全昱已经成了家，就留在家里照顾母亲。

朱温当上皇帝后，仍本性不改。一日他赌性大发，邀了些亲朋好友一起喝酒赌博。

大家纷纷拍朱温的马屁，朱温听了得意得不行。

这时，朱全昱趁着酒劲儿冲上前来，指着朱温的鼻子大骂："朱老三，你拉着老二一起上战场，却只剩你一人回来，怎么对得起母亲？你骨子里就是个草包流氓，哪有资格当皇上。唐朝皇帝封你做节度使，你反倒灭了唐朝，你这样做会遭天谴，朱家迟早会毁在你手里！"

好好的聚会，被朱全昱一盆冷水这么一泼，醉酒的人也被吓醒了，气氛完全僵了。

当众被这么一骂，朱温气得半天没说话。但毕竟是亲哥哥，就算懊恼也没办法，他只好灰溜溜地取消了聚会。

柏乡之战，朱温吃了个大败仗

朱温建立后梁后，鼓励耕作，发展生产，这些都促进了中原地区经济的复苏。

为了吸取唐朝灭亡的教训，他规定地方行政官员的职权高于军事将领，并可以对后者实施管治。只要有人有异心，就马上斩杀或关进大牢，以免发生叛乱。

不过，此时朱温并没有统一全国。在全国各地，还分布着一些其他藩镇势力，其中最能与朱温分庭抗礼的，就是他的死对头李存勖。

为了争夺河北那块地盘，他们从李存勖的父亲李克用健在时就一直明争暗斗。

朱温这个人疑心重，他怀疑自己的盟友赵王王镕与李存勖私下往来，于是派王景仁前去攻打王镕。

王镕一看不妙，赶紧写信向李存勖求救。李存勖借机和王镕联合起来共同对付后梁。双方在柏乡（现河北省东部）隔河对峙。

为摸清后梁军的底细，李存勖先派骑兵去挑战。可对面的后梁军队一动不动，再加上他们的铠甲都是用绸缎包裹的，远远望去，令人生畏。

李军大将周德威见此情形，便为三军打气说："你们见到这些贼军了吗？他们实际上都是些屠夫、佣人、小贩，就算是披上金做的铠甲，十个也顶不了我们一个！他们身上的铠甲值几十万钱呢，抓住一个就够我们用的了，大家向前冲，争立战功啊！"

与此同时，周德威又派人到后梁军阵前骂阵，什么难听骂什么。

王景仁被骂急了，一气就从营里冲了出来。

周德威率军边战边退，将后梁军引到了平原地带。两军打得天昏地暗，直到黄昏也没分出胜负。最后后梁军又累又饿，渐渐没有了战斗力，只好回撤。

可此时李军正杀在兴头上，哪肯轻易放手，趁后梁军回撤之际，周德威命令李军大喊："梁军败了，梁军败了！"

李军一听，士气马上高涨，冲进后梁军营一阵狂杀。

后梁军顿时阵脚大乱，死伤过万。剩下的人为保住性命，纷纷解甲投降。

等朱温回到洛阳，重新清点军队，发现自己引以为傲的"龙骧""神捷"军竟全军覆没了。

百姓茶馆

商人刘先生

战争连年，弄得生意也很惨淡。之前我做玉器买卖，日子还过得去。可是现在，军队打来打去，到处一片狼藉。我的店面一周内被偷三次，报官无效，损失惨重。明天，我将带着妻小迁回老家。

王屠夫

最近什么东西的价格都涨得很凶。以前猪肉可以一天吃一顿，现在三天都吃不上一顿。还有大蒜的价格涨得比黄河水都快，老百姓都没办法正常生活了。

最近治安也不好，白天经常有地霸上街打人，到了晚上，门一定要锁得严严实实，不然，稍微值钱的东西就会被偷走。若老百姓的基本生活都不能保障，后梁又怎么发展壮大，希望朝廷能及时出来整治一下。

城南王姑婆

昨天，我路过城北时，看见有个白发老婆婆沿街乞讨。她拄着拐杖，穿着单薄，面无表情。看她可怜，我请她去附近吃了顿饱饭。吃饭的过程中，她跟我讲起她的故事。

原来，她的三个儿子都在战场上死去，至今尸骨都未找到。最近，她们村又遭到强盗洗劫，房子全被烧毁，强盗看她年老，才没杀她。如今，她只能靠乞讨过日，流浪天涯。唉，战争真是可怕，希望天下能早日太平。

朱温被害，谁是凶手

公元912年，宫内传出巨变，朱温被杀了，尸首就埋在其寝宫的地下！而凶手不是别人，正是朱温的亲生儿子！

既然是父子，又怎么会发生这样的惨剧？这得从朱温的人品说起了。

朱温这人的人品从小就不好，当了皇帝后，更是滥杀无辜，残暴不仁。凡是他看不惯的人，想杀就杀，想剐就剐。最令人发指的是，他曾将唐朝30多个文臣赶到黄河边上杀死，并扔进黄河。

对待士兵，他也极为严厉，每次作战的时候，如果带兵的大将战死沙场，士兵也必须一起死，如果生还就全部杀掉，这种方法名为"跋（bá）队斩"。

这样一来，大将一死，士兵们纷纷逃亡，不敢归队。为了防止士兵逃走，他就在士兵脸上刻字，作标记。

除此之外，朱温还是个好色之徒，儿子们为了讨好他，把老婆都送给他了。这里面，养子朱友文的老婆王氏最漂亮，朱温最喜欢。

王氏总是对朱温吹枕边风，说朱友文如何优秀，朱温听多了，便决定将来传位给朱友文。

消息传到朱温的亲生儿子朱友珪（guī）的耳朵里，朱友珪气坏了："为了一席皇位，我不顾众人的口水，把老婆送给了你，丢尽了男人的脸面。你却不念父子之情，把皇位传给别人，那就休怪我也无情了！"

于是，在朱温病重之际，朱友珪趁机连夜带人杀入宫中，提刀来到朱温床前。

朱温睡得迷迷糊糊,听见外面闹哄哄的,就爬起来问:"是哪个敢造反?"

仔细一看,眼前站着的不是别人,竟是自己的儿子,朱温气得破口大骂:"你这个大逆不道的东西,居然背叛你父亲,天地都容不下你!"

朱友珪回骂:"你这个霸占儿媳的坏人,全天下才容不得你!"

说话间,朱友珪的随从一刀刺入朱温腹中,朱温立刻一命呜呼。最后,朱友珪用一块毡子把朱温的尸体一包,埋在了寝宫地下。

曾经灭掉唐朝的一方霸主,就这样死在了亲生儿子的手中。

而朱友珪呢,仅做了半年多的皇帝,就被他的弟弟——朱温的第四个儿子朱友贞(即梁末帝,后改名为朱瑱)与朱温的女婿赵岩联合宫中禁军,以讨逆之名杀害了。

玉玺被盗，皇帝自杀

公元923年10月，开封城一片哭声。因为李存勖率军攻了进来。朱友贞急得不知如何是好，召来老臣敬翔询问退敌之策。

敬翔说道："早知今日，何必当初。现在，就算张良再世，也无法挽回败局了！老臣无能，除了以身殉国，别无他法。"

眼看臣子们逃的逃，死的死，就连传国玉玺也在混乱中被盗走了。

绝望中，朱友贞对一直守在他身边的都指挥使皇甫麟说："姓李的是我们梁朝的世仇，我绝不能死在他们的手下。与其让他们杀了，不如你把我杀了吧！"

皇甫麟忙说："臣等只能为陛下效命，怎么能伤害陛下呢！"

朱友贞说："你不肯把我杀了，难道是想把我活捉再去邀赏吗？"

"陛下明察，臣愿以死相随，以表忠心！"皇甫麟立刻拔出佩剑。

"那咱们一起死吧！"说着，朱友贞长叹一声，握住皇甫麟的佩剑，往自己脖子上一抹，顿时倒地身亡。

皇甫麟也哭着随后自杀。

这个只存在了17年的王朝，经历了三个皇帝后，最后也化作历史的尘埃了。

要不要光复大唐

编辑老师：

你们好！

我原本是大唐的一名副将，由于种种原因，我的名字就不透漏了。在镇压黄巢起义中，我所在的部队全军覆没。我只好转移蜀地，投靠另一位将军，谁知他暗中出卖朝廷，依附朱温。一气之下，我把他杀了。

我是忠于大唐的臣子，一心只想光复李唐皇室。可是漂泊十几年来，我一无所成。眼见岁月流逝，人们渐渐忘记大唐，而我又重病缠身，卧床不起。现在，我很矛盾，要不要放弃光复大唐的念头。

一个垂死的人

一个垂死的人：

您好！

首先我敬佩您忠贞不贰的精神，大唐灭亡十几年，您就四海漂泊十几年。若大唐历代帝王泉下有知，也足感欣慰。不过，大唐灭亡已成为事实，您也不要再活在对过往的追忆中，而应该多向未来看看。

自古以来，王朝就在不断更替中，若人人都像您一样，这个说要光复大汉，那个说要回到周朝，那这个社会岂不是乱套了，您说呢？

名人有约

特约嘉宾：**朱温**

身份：后梁开国皇帝

大：大嘴记者　朱：朱温

大：大唐曾号称世界上最强大的王朝，可如今您灭了大唐，名字定会被载入史册。

朱：哈哈哈哈！我会建立一个比大唐更繁荣昌盛的王朝。

大（满怀期待）：那会是一个怎样的国家？

朱：一个人人都幸福快乐的国家。

大：能说具体点儿吗？

朱（不耐烦）：反正就是那样。嗯，你没有别的问题吗？

大（……原来你也就说说而已）：唐末晋王李克用将军您应该不陌生吧，听说他是您的死对头？

朱：毛头小子一个，我大他4岁，他还得管我叫哥呢，根本就不是我的对手。

大：那你们是兄弟关系？

朱：我呸，他也配与我称兄道弟。他是沙陀人，长得丑也就算了，还是个"独眼龙"。这样的人居然还不把我放在眼里，你说可气不可气？

大：人不可貌相，海水不可斗量。李克用是个很有本事的人，听说他曾救过您？

朱：你从哪打听来的？

大：我是大嘴记者，专门打听此类八卦事件，您能具体说说吗？

朱（不太情愿）：那是好早以前的事了。当时我和李克用都在镇压黄巢起

名人有约

义军，黄巢从长安撤退时，转而攻打由我负责驻守的汴州。我自知兵力不足，于是找李克用帮忙。我们一起打退了黄巢军。事后，唐朝皇帝封李克用为河东节度使，让他捞了不少好处。

大：人要懂得知恩图报，忘恩负义不是君子所为。请问上源驿事件又是怎么一回事？

朱（知道的还真多）：击退了黄巢，这是喜事一件啊！李克用率兵返回汴州后，当晚，我在上源驿馆设宴款待，给他接风洗尘，商讨以后一起辅佐皇上，重振唐朝的事情。喝完酒，我们各自回房休息。谁知到了半夜，李克用的驿馆突然着火。我赶忙下令，要不惜一切代价救火。当然，最后李克用也没有被烧死。

大：可外界传言，是您怕李克用功劳盖过自己，所以故意纵火。

朱：怎么会？我们都是大唐的栋梁，我绝不会为了一己私利，与李克用互相残杀。外界的传言还是不听为妙。

大：好吧，这件事先放一边。听说您曾被大唐皇帝赐名全忠，后来另立朝代，岂不是辜负了"全忠"的美名？

朱：唉，大唐穷途末路，倒下是历史的必然，我只不过是跟随历史的潮流，率先登上了皇位而已。再说，我不做皇帝，别人也会做的。更何况，老百姓也是万分拥戴我，纷纷上书劝我早登皇位。我想既然民意如此，也只得顺从了。

大（鄙视）：那看来您还是不太开心？

朱：你是不知道啊，这皇帝的责任有多重。首先你得稳定军心，那帮跟我一起打天下的兄弟，天天吵闹着要分土地分女人，时常在宫殿上和我争得面红耳赤；还有，经济也要跟上，为此，我颁布了众多休养生息的法令，退田于民，鼓励农耕，几年下来，才稍稍看到点儿成果。

大：如此看来，当皇帝真是件辛苦的事。

朱：自从当政以来，我就感觉像是老了十岁。每每到了深夜，我时常因过度忧国忧民而难以入睡。唉，可是话说回来，我不入地狱谁入地狱。

广告铺

扩军令

　　为保证后梁国家的统一，现后梁军队急招士兵。此次征兵条件宽松，只要身体健康，有力气，能扛得起大刀，舞得动长矛，都可以报名参军。当然，最关键的是要绝对服从命令。守卫国土是件荣耀的事情，希望年轻小伙们踊跃报名。

后梁兵部

发放救济粮

　　因近年来年年干旱，百姓颗粒无收，加上战乱频繁，人民流离失所，饥不果腹，大批的难民从北方涌入越州。越州首富陈良贵先生见此心痛不已，决定明天上午十点，在陈府门口发放救济粮，希望各位相互转告，届时请有序领取。

越州陈府

新铁铺开业

　　本人曾在军队打制武器四年，工艺娴熟。现退役在家，跟朋友集资开了间铁铺。主要经营日常铁器，包括锄头、菜刀、镰刀等，也经营各种兵器，如长矛、利刃、刀枪等。时值战乱年代，购买一把武器防身，是很有必要的。欢迎大家前来光顾。

铁铺老板王先生

第 ② 期

〖公元923年—公元926年〗

后唐特刊（一）

穿越必读▶

在镇压黄巢起义中，李克用和朱温逐渐成了两大藩镇势力，双方斗争不断。直到公元923年，李克用的儿子李存勖消灭后梁，统一北方，建立后唐。后唐是五代十国时期面积最大的国家，共经历4个皇帝，历时13年。让人痛心的是，这4个皇帝都不是来自"和平过渡"，而是宫闱（wéi）政变，父子兄弟自相残杀，其中两位皇帝是养子出身。

开封被攻,后梁灭亡
——来自洛阳的加密快报

公元923年,又是一个改朝换代的年份。这一年,正值盛年的李存勖好事连连。

4月,李存勖在魏州称帝,即唐庄宗,改国号唐(史称后唐)。

10月,率军攻入后梁的都城开封,灭了后梁。

12月,迁都洛阳。

当浩浩荡荡的唐军进入洛阳时,将士们个个英姿飒爽,威风凛凛。

看到此情此景,老百姓也衷心地期盼着,智勇双全的李存勖能够统一中国,结束中国几十年来的动乱。

李存勖也积极回应说,现在他们已基本控制北方,统一中原指日可待。

来自洛阳的加密快报!

28岁的沙陀统帅

李存勖能取得这样的成就，跟他的父亲李克用是分不开的。

李克用原是沙陀人。沙陀是唐代西突厥的一支，因为他们居住的地方在新疆吐鲁番东南一带，那儿有一大片沙漠，叫沙陀，所以又叫沙陀突厥。

相传，李克用的祖先出生在雕巢之中，长相奇特，酋长便让各族轮流抚养他，以"诸爷"为姓，意思是众人抚养的。传到后来，就成了"朱邪"。"朱邪"成了沙陀族的首领后，因为英勇善战，多次随唐出征。

李克用的父亲朱邪赤心因为立了大功，被赐跟皇帝一个姓"李"，改名李国昌，李克用从此也就改姓"李"了。

由于从小就爱骑马射箭，少年时就随父出征，李克用24岁就成了沙陀军统帅，将士们把他叫作"飞虎子""李鸦儿"，也有人叫他"独眼龙"，因为他有一只眼睛失明。

黄巢起义军打到长安时，唐僖宗出逃四川，下令各地兵马速来救援。

李克用的"鸦儿军"大显身手，一而再再而三地大败起义军，良田坡一战，横尸三千里，逼得黄巢退出长安。

天子大喜，封他为河东节度使，成为使相（使指节度使，相指宰相），地位相当显赫。

从此，以太原为中心的广大地区成了李克用的大本营，也成了后来李存勖和朱温争雄的根据地。

这一年，李克用才28岁。

李克用与朱温的恩恩怨怨

在一起镇压黄巢起义军的过程中,李克用和朱温可以说是一对"欢喜冤家"。

黄巢的起义军还未灭亡之前,两人你帮我,我帮你,还算得上是兄弟。最后两人还合兵夹攻、镇压起义军,把黄巢追得狼狈不堪,黄巢只得逃到狼虎谷,后被部将林言所杀。

不过,黄巢一死,俩兄弟立刻划清界限,视对方为争夺天下的最大对手,双方的斗争越演越烈。

打败黄巢后,李克用率兵凯旋经过汴州,朱温特意在上源驿馆为他设宴款待,名义上是感谢李克用的相助之恩,为他庆功接风,实际上是想摸摸他的底。

此时的李克用刚立了战功,再加上年轻气盛,喝了点儿酒后,更是大放厥词,哪把朱温放在眼里?

朱温一怒之下,当天晚上就派兵包围了驿馆,纵火放箭,既能把白天受的气消了,又能把这个潜在的

我是晋王!

对手给除掉,可以说是一举两得。

不过,老天似乎不给朱温面子。如此紧要关头,下了一场雨,硬是让李克用在朱温的眼皮底下拣了一条命。

尽管如此,李克用的300名亲兵几乎全部被杀。

李克用狼狈地逃回晋阳(今山西省境内)后,立即想向朱温发去檄文,要领兵讨伐。

这时,他的妻子站出来阻止了他,认为他这样理亏,不如奏明朝廷,再名正言顺地讨伐。

天子得知这事后,左右为难,两边都是不能得罪的主啊!于是从中调和,为了安慰李克用还封他为晋王。

绝密档案

而朱温呢，为了全力对付西边的敌人，不想腹背受敌，也派使者登门谢罪，并送上厚礼。

李克用想了想，自己羽翼尚未丰满，于是暂时忍下了这口恶气。

为了积蓄实力，扩充地盘，李克用不断地四面出击。可惜的是，他管理无方，以致军纪败坏，部队将士烧杀抢掠无恶不作，很不得人心。

儿子李存勖劝他整顿军纪，他却说儿子年幼无知，还说："他们都是跟我一块起家的，在军需最缺乏的时候，他们自己还卖马来助我。现在大家都在招兵买马，我再加以整顿的话，那他们马上就会离开，到时，我们拿什么与别人对抗？等到天下平定之后，再来整顿军纪不迟。"

可是，军纪不严的军队怎么能得民心呢？

因此，虽然李克用的军队战果累累，却很失民心。最后终于四面树敌，盛极而衰，走入了低谷。

李克用最大的遗憾就是和朱温斗了几十年，却未能亲手除掉他。

直到53岁临终之时，他还让儿子李存勖发誓为他报仇，灭掉朱温。

现在李存勖终于完成了他的遗愿，他应该死而无憾了。

生子当如李亚子

李克用病死后,身为长子的李存勖当仁不让地挑起了大梁。

李存勖自幼就喜欢骑马射箭,胆力过人,是不可多得的军事天才,因此深受父亲宠爱。

他才5岁时,李克用就说:"老夫虽然壮志未酬,但20年后,李存勖一定能完成我的大业!"

11岁那年,他跟父亲去长安向朝廷报功。

唐昭宗见了他,就夸奖说:"这小家伙长相出奇,将来一定会超过他的父亲!"

李存勖从此得了个"李亚子"的名号。

李存勖不但文武双全,还精通音律,而论起谋略来,比父亲更胜一筹。

当初,李克用常常被朱温牵制,兵力不足,地盘狭小,非常悲观。

李存勖就劝父亲说:"朱全忠想凭借武力,吞灭四邻,篡夺皇位,天地不容。咱们千万不要灰心丧气,要积蓄力量,等待时机啊!"

李克用这才重新振作起来,继续与朱温对抗。

还有一次,幽州的刘仁恭遭到朱温军队围攻,向李克用求救。这个刘仁恭当年是在李克用的扶持下,占据幽州的,后来却忘恩负义,李克用向他征兵时,竟不发一兵一卒。因此,李克用恨他不讲信用,不肯发兵。

李存勖就劝说父亲:"现在天下十之八九都归顺了朱温,能与朱温对抗的只有我们和幽州、沧州了。如果我们不出手相救,以后朱温灭了他们,下一个目标就是我们。图大业者,不能计较这些小恩怨。现在他有难,正是我们河东重振雄风的好机会，千万不能错过。"

李克用于是出兵解救了幽州，阻止了朱温势力的发展。

李克用死后，李存勖接替父亲当了晋王。这时，晋军与梁军正在潞州对峙。李存勖想出兵解围，其他人阻止道："现在是服丧期间，不宜出兵！"

李存勖说："敌人肯定也是这个想法，认为我们正在服丧，不会出兵。而且我刚接替了父亲之位，他们认为我年轻，不会有什么作为，一定会毫无防备。这时如果我们突然出兵，先发制人，一定会成功的！"

说服众人之后，李存勖整军出发，果然在潞州把朱温的50万大军打得落花流水。

朱温闻讯后，惊讶得半天才挤出一句话："生儿子就要生像李存勖那样的！李克用虽死犹生！跟他比起来，我的儿子是猪狗不如了！"

李存勖得胜之后，立即整顿军队，还杀了几个目无军法的首领，没过几天，军纪大振，老百姓拍手称快。一帮散漫的沙陀将士变成了一支精锐的军队。

为了鼓舞士气，李存勖还亲自作词作曲，不论是战胜战败，他都和将士们一起放声高唱，可以说是军中一绝。

经过20年的浴血奋战，李存勖终于打败了朱温，消灭了后梁，实现了父亲称雄天下的遗愿。

皇帝的艺名李天下

有句话说得好,"得天下易,治天下难。"李存勖骁(xiāo)勇善战,将敌军杀得丢盔弃甲、鬼哭狼嚎,就连朱温也不得不对他刮目相看。可当皇帝不是打打仗就行的。

这不,才当上皇帝没多久,李存勖就像变了个人似的,开始宠信伶人,还给自己取了个艺名——李天下。

好好的皇帝，威震天下的名字不用，为什么给自己取艺名呢？

原来，李存勖小时候就是个戏迷，天天跟晋王府的戏班子混在一起。

长大后，李存勖忙于打仗，整天东征西伐，根本没时间闲下来，就把唱戏这事搁一边了。

不过，现在他觉得后梁已灭，江山已定，可以高枕无忧了，于是，他把国家大事搁在一边，招来一大堆伶人，天天陪自己唱戏。兴致来时，他还亲自登台表演。

从此，"李天下"这个艺名就这样诞生了。

这天，李存勖的戏瘾又犯了，于是叫人搭好舞台准备亲自开唱。和其他戏子一样，他穿上戏服，又往脸上抹了两块大红胭脂，这才走上戏台，试着叫了两声自己的艺名："李——天——下！李——天——下！"

这时，突然有个伶人冲了过来，抬手就给了他两耳刮子，把李存勖打得莫名其妙。

坐在下面看戏的人都惊呆了：哪来的狗奴才，吃了熊心豹子胆，居然敢打皇上？先把他拖出去斩了！然后再株连九族！

一旁守卫的士兵马上冲上舞台，把打人的伶人死死按住，然后等待皇上发落。

那个被按住的伶人，却对着李存勖笑嘻嘻地说："理（李）天下的人只有皇上一人，皇上却叫了两声，那另外一个会是谁呢？"

李存勖一听，立刻转怒为喜，甚至还重赏了那个伶人。

百姓茶馆

昨日我在马路上闲逛,突然迎面冲来一大队人马。我来不及回避,被直接撞翻在地。那些人不仅没有下马跟我道歉,甚至连看都没看我一眼就走了。后来一打听才知道,马车里坐的不是别人,正是当今皇上李存勖宠信的伶人景进。

景进心肠毒辣,中饱私囊,曾为讨好皇上,强抢魏州将士妻女一千多人,搞得怨声四起。

皇上若不能及时醒悟,远离伶人,国家恐怕就危险了啊。

市井小民曹某

我从小就登台唱戏,一直唱了五十多年,大街小巷、茶楼饭馆我都去演出过。要不是年纪大了,我肯定能进宫去给皇帝唱戏。

一个老伶人

早就听说李存勖爱打猎,没想到这么过分,他爱打猎就算了,为什么要糟蹋农田呢?旁边的伶人不但不阻止,反而信口雌黄,实在是祸国殃民!凡是拥有国家的人都应该爱民如子,以民为立国之本,千万不能为图一时快乐而伤害民心啊!

王县令

得到天下,却不爱护百姓,一旦失去民心,这天下还属于他李存勖吗?

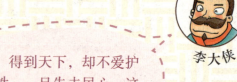
李大侠

兄弟相残,争夺皇位

李存勖轻信伶人,重用宦官,把太监当作心腹。渐渐地,几乎所有的文武大臣都离他越来越远了。

公元926年,李存勖的干哥哥李嗣源率大军浩浩荡荡朝都城开来。众将领要求李存勖给军士加饷,才肯出兵。

紧要关头,李存勖宠幸的刘皇后却领着几个小皇子,抱着银盆站出来说:"现在我们已经穷得叮当响了,哪有钱啊?要是你们觉得这几个盆值钱,就拿去好了!"

大臣们见了,你看看我,我看看你,纷纷吐舌而退。

士兵们不愿给李存勖卖命,一路上逃亡了一大半。没多久,李嗣源攻下了汴州。

李存勖看着不到万人的军队,只好下令先返回洛阳,再做打算。返回途中,他拿出财物,要赏赐三军。不料

将士们不但没有感激之情,反而大骂:"陛下的赏赐太晚了!"

好不容易回到洛阳,宫中却起了内乱。一个名叫郭从谦的戏子攻入了洛阳的皇宫。战乱中,李存勖被流箭射死。

哈哈,除了唱戏,咱还能造反。

最后,所有的伶人都逃走了。只有一个伶人拣了些破烂的乐器,放在李存勖的身上,然后点火烧了。

这位身经百战、踏平梁国的英雄做梦也没想到,自己不是死在世仇朱家的手里,也不是死在他的兄长李嗣源的手里,而是死于一个戏子手中。

他更没想到,自己不是阵亡于两军之中,而是被人射死在洛阳的皇宫中。可悲!可叹!

55岁宫女何时回乡

编辑老师：

你们好！

我是一名宫女。15岁时，就被挑选入宫伺候贵妃娘娘，转眼间就过了40年。40年来，我从未离开过皇宫，尽管中间经历了唐朝的灭亡，以及后唐的建立，可我始终没被放出去。

如今，我已是个满头白发的老人，待在皇宫里也再无任何价值，只希望当今的皇上能大发善心，放我回老家，说不定我还能找到自己的亲人。

一个老宫女

老宫女：

你好！

基于你的处境，你应该将自己的情况如实向上级报告，然后再由他转告给皇上。或者，你可以去向皇后求情，因为后宫的大小事情都由她掌管。

历代都有老宫女放出宫的先例，何况当今新登基的皇上李嗣源还是个比较开明的君主，相信你跟他说明实情后，他会准你告老还乡的。

末代皇子惊现民间

公元 925 年，一个名叫胡昌翼的年轻人，考中后唐明经科第二名进士。据报道，此人是唐朝倒数第二个皇帝李晔（即唐昭宗）和何皇后最小的儿子。

皇子为何流落民间，又为何改姓胡呢？

原来，当年朱温打败起义军后，身居高位，手握重兵，强迫唐昭宗迁都洛阳。唐昭宗无奈，只得照办。

搬迁路上，唐昭宗心灰意冷，整日喝得烂醉如泥。快到洛阳时，朱温派人将唐昭宗身边的 200 多名亲信侍从全部勒死，一夜间全换成了自己的手下。

等到时机成熟时，朱温逼唐昭宗让位，唐昭宗死也不肯答应。当时，何皇后生下了一个男孩，唐昭宗怕朱温伤害皇子，就派人偷偷把孩子抱了出去，托付给一个叫胡三的人。后来朱温派人闯进皇宫，将唐昭宗捅死了。

不久，朱温又把唐昭宗的儿子们约到九曲池赴宴。皇子们明明知道是鸿门宴，但又不敢不去，去了之后就被士兵们灌醉，活活地用弓箭勒死了。

而胡三历尽艰辛，把小皇子带到了老家婺源，在一个山村里安顿下来，并给他取名胡昌翼。

这位小皇子虽然中了进士，但并不愿意做官。也许是因为父母的经历深深刺痛了他，最终，他选择了隐居乡下，开设书院。

名人有约

身份：后唐开国皇帝

大：**大嘴记者**　**李**：**李存勖**

大：自您魏州称帝，打败后梁后，已完全有了一统天下的实力。
李（霸气）：哈哈哈！

大：那您打算什么时候出兵南下，统一全国？
李：等过段时间。

大：那是多久？
李：士兵也是人，也需要休息的，我不能剥夺他们休息的权利。他们跟着我打仗这么多年，已经够辛苦了。有的因为太想家，就请了长假回去；有的由于年纪大了想娶媳妇，也离开了军队。像这些事我不能不批准。

大：您真是个体贴下属的好皇帝。
李（有些自豪）：那是必须的。

大：传闻您从小就在战场上杀敌了？
李（抬头回想）：我从小就跟着父亲征战沙场、出生入死，已经有 30 多年了。

大：听说您爹去世时曾交给您三支箭，代表三个仇人，要您替他报仇？

李（眼泪打转）：我从不敢忘记这个。每次出征前，我会先派官员到太庙把箭取出来，放在一个精致的小盒子里，带着去打仗。

大：那您爹的这三个仇人分别是谁？
李：朱温是我家的世代仇人，这世人都知道，只可惜他死得早，不过后来我灭了后梁，算是替我爹报了仇；刘仁恭能当上卢龙节度使，是我爹举荐的，可是当我爹有事相求时，他却忘恩负义，不肯帮忙，我把这厮带到我爹坟前斩了头；契丹人曾与我爹结为兄弟，后却撕毁盟约，翻脸不认人，几年前，我把他们新即位的皇帝赶回了北方。这三件事完成后，我爹在天之灵，总算可以安息了。

大：真是个孝子。那现在这三支箭放在哪儿呢？
李：应该还在太庙里吧，好久没打仗，也没去管它们了！反正仇已报了！

大（无语）：报了仇之后，您就解下战袍，穿上了戏袍，对吧？听说您还亲自登台演戏？
李：我可是实力派，不信听我清唱两句。啊啊啊……

大（小声抱怨）：这分明是个戏子，哪还有一点儿皇帝的样子？
李（停止哼唱，脸色变难看）：你在嘀咕什么？

大：我说皇上应该把更多的精力放在国事上，过分沉迷唱戏是不行的。
李：胆敢教训我！士兵，士兵……

大：我是在为皇上担忧。
李：士兵，士兵，值班时间都跑哪儿睡觉去啦，士兵，士兵……

大（扭头就跑）：今天的采访就到这里，谢谢您抽出宝贵的时间见面,再见！

广告铺

招兵买马

　　为扩充兵力，以备他日战争，现特向全天下招兵买马。条件如下：

　　要求：男，15~40岁，身高不限。无家族病史，身体强健，会拳脚功夫，舞刀弄枪，有过作战经验者优先。

　　此次征兵不限国籍，不限种族，无需缴纳押金。另外，若不幸战死沙场，政府给亲人发放慰问金，表现突出者以立功多少予以提拔。

　　只要你有梦想，并渴望成为征战沙场的英雄，那就快快加入我们吧。此广告长期有效。

后唐兵部

某将军的声明

　　李存勖宠信伶人，这也就罢了。可他却听信宦官之言，诬蔑我们郭崇韬将军谋反。而刘皇后未等我们作出任何申辩，就悄悄地杀掉了他们父子。大将军朱友谦也受到牵连，灭了九族。

　　我们这些将军为朝廷立下了赫赫战功，结果却落得如此下场，我发誓，只要有人造反，我第一个响应！

某将军

第 ❸ 期

〖公元926年—公元936年〗

后唐特刊（二）

李存勖死后，李嗣源在洛阳称帝，国号仍然为唐。虽然五代的乱是出了名的，但也并不是没有可取之处。这中间唐明宗李嗣源长达8年的执政时期，就是一个难得的短暂盛世。

穿越必读

烽火快报

李继岌万念俱灰，上吊自杀
——来自渭南的加密快报

来自渭南的加密快报！

公元926年，从渭南传出一个噩耗，李存勖的儿子李继岌（jí）上吊自杀了！

原来，李继岌奉李存勖之命，前往四川平定蜀国之乱后，班师回朝。

行至渭南时，却传来李存勖在宫中被害，李嗣源（当皇帝后改名李亶，即唐明宗）登上皇位的消息。

李继岌一下子就懵了，部下劝他节哀顺变，集结兵力打回洛阳。

可李继岌的心理素质实在太差，他见父亲已死，觉得大势已去，万念俱灰，于是上吊自杀了。

据报道，李嗣源听到这个消息，在洛阳宫中痛哭流涕，对自己的侄子深表怀念。

被逼出来的皇帝

虽然李存勖不是死在李嗣源的手上，可还是跟他脱不了干系。

熟悉李嗣源的人都知道，他是李存勖的干兄长，李克用收养的义子。据说他生下来时连姓名都不知道，李嗣源这个名字还是李克用取的。

和李存勖一样，李嗣源也有极强的军事才能，不但善骑射，而且身经大小战役数百起，再加上他为人厚道、谨慎谦和，在军中威望极高。最关键的是他曾冒死救过李存勖，所以李存勖也很重用这位干哥哥，甚至曾对他说："我要与你共享天下！"

当然真正当了皇帝后，李存勖就忘记了这段誓言。但李嗣源仍旧尽职尽责，该做的事就认真做，不该碰的就躲得远远的。可即便如此，李存勖还是整日担忧，因为他的儿子中没一个能斗得过李嗣源，万一哪天自己死了，这天下不是自动送

既然大家这么推崇我，偶就勉为其难当一回吧！

到李嗣源手里了吗？

如此一想，李存勖坐立难安，恨不得立刻找个机会除去李嗣源。

这时，朝廷得到消息：魏州发生兵变！李存勖于是钦点了几路人马前去平叛，却都无功而返。

李存勖将这帮只会吃饭的笨蛋大骂了一通，一气之下想亲自挂帅出征。不过一想起自己的皇帝身份，又打消了这个念头。

万般无奈之下，他只得派李嗣源前去。

没想到，李嗣源一到魏州就被叛军"劫持"了。

这伙叛军对李存勖极为不满，要拥立李嗣源当皇帝，高声喊道："请当今的皇上当河南皇帝，您当河北皇帝。"

李嗣源当然不干："胡扯，这么大逆不道的事我是坚决不做的。"

士兵们听了，拔出尖刀："你要是不答应，那我们就先杀了你，然后再立别人当皇帝。"

这时李嗣源的女婿石敬瑭站出来说话了："岳父大人，干大事就不要犹豫不决，既然我们无路可退，索性轰轰烈烈地反了吧。"

李嗣源一想也对，就让石敬瑭领着兵马去攻打汴州。

李存勖被杀后，李嗣源顺利地登上了皇位。

李嗣源平定叛乱

公元927年,是李嗣源登上皇位的第二年。

这一年,汴州守将朱守殷突然起兵造反。幸好李嗣源及时赶到,这才平定叛乱,朱守殷举家自杀。之后,李嗣源令石敬瑭驻守汴州,自己率军返回洛阳。

谁知紧接着,义武节度使王都在定州也反了。

原来,王都的女儿嫁给了李继岌,而李嗣源夺了王都女婿的天下,岳父大人不可能不管。但王都知道自己实力有限,于是请契丹帮忙。

契丹皇帝耶律德光刚继位不久,对中原早就虎视眈眈,逮到这么好的机会,马上就答应了。

可后唐军实在勇猛,王都和契丹的联军加起来都不是他们的对手。

耶律德光不甘心失败,又增加了一些兵力前去救援。联军跟后唐军在曲阳城南碰上,你来我往,又是一场大战。联军被杀得横尸遍野,再次狼狈逃窜。

耶律德光看两次失利,赶紧将契丹军召了回去。

契丹军一走,就只剩下王都死守不出,坚持了8个月后,王都也举家自杀。

在相继平定朱守殷、王都之乱后,各地的藩镇势力变得老实了许多,后唐迎来了暂时的稳定与发展。

皇帝竟然是文盲

比起李存勖，李嗣源倒是一个英明的皇帝。他上台后，把国家治理得井井有条。谁也没有想到，这个新登基的皇帝竟然是个文盲。

消息传出，民间一片哗然：皇上大字不识一个，那是怎样批阅文件的，又如何在圣旨上签字的呢？

其实，皇帝虽然是文盲，但求知欲还是有的，他早就下定决心，要认认真真读书，绝不能让天下人笑话自己了。还找来枢密使安重诲，命他在一旁念书给自己听。可安重诲怕自己教不了皇上，要皇上另选贤臣。

于是，李嗣源又命大学士冯道宣讲儒学经书，不但自己努力学习汉族文化，还鼓励大臣们学习儒家经典。

一天，李嗣源问冯道："你看，今年又是大丰收，老百姓的粮食应该够吃了吧？"

冯道回答："在粮食歉收的年头，农民可能会饿死；到了丰收之年，谷物堆积，卖不出高价，农民还是要吃亏。自古以来，农民都是最辛劳、最困苦的，身为一国之君应该多多体察民情。"

接着，冯道还念了唐朝进士聂夷中的一首诗："二月卖新丝，五月粜（tiào）新谷。医得眼前疮，剜却心头肉。"

李嗣源听后，心里一阵凄凉，哽咽着对身边的人说："你们当中哪个人字写得好，快给朕记下来，朕要天天背诵这首诗！"

百姓茶馆

某乡下农民：今年我家的五亩地全部大丰收。粮食堆满了整个地下仓库，这是10年来家里第一次有了盈余的粮食。在这里，我要感谢皇上，感谢国家，感谢我们的父母官，是你们让我过上了幸福生活，希望今后每年都如此。

商人李六：听宫里的朋友说，后唐宫廷里的服侍人员是有史以来最少的。他细数了一下，宫女100人，宦官30人，御厨50人，教坊100人，再加鹰坊20人。如此看来，李嗣源真是位平实简朴的好皇帝。希望后唐在他的带领下，能越来越好。

某小有名气的诗人：最近市面上流行一本叫《紫府集》的诗集。诗集的封面精致华贵，更重要的是，作者是当今皇上的儿子，也就是未来的皇帝——李从荣。这就难怪这本诗集如此畅销了。

不过，我今天特意去翻了翻，发现内容并没有想象的那么精彩，甚至有些肤浅。尽管如此，前来购买的人还是络绎不绝，毕竟，这是未来皇帝的著作。

洛阳城郊区李书生：今天我去洛阳城闲逛，路过一家书店时，顺便走了进去，居然在墙角看到一本《紫府集》，顿时欣喜若狂，马上掏钱购买。可等我回家后仔细翻看，才知道上当受骗了。原来今天我逛的那地方，就是传闻中的盗版一条街。今后买书时，一定要先看清楚书是否是正版的。

南汉百姓想移民

编辑老师：

你们好！

我是南汉的一名普通百姓，在番禺生活了10年，日子也还算过得去。前几天，有个亲戚从后唐跑过来看我，他跟我说后唐政权是多么强大，后唐人民的生活是多么幸福，说得我心里直痒痒。

到了晚上，他在饭桌上反复劝我，举家搬到后唐去，因为后唐人民都生活在天堂里。可是我又有所顾虑，我在南汉已成家立业，妻子一家都是本地人，我不忍心只顾自己，抛下他们，我该怎么办？

南汉百姓柳秀才

柳秀才：

您好！

看了您的信，我们基本了解了您的情况。其实，在哪生活不是生活呢，只要自己内心觉得开心就行了。后唐看起来是很好，有丰富的物质生活，还有安定的社会环境，能给人最基本的幸福感。可是，您的家却在南汉。离开了自己的家和亲人，即使环境再好，人也不会觉得幸福。

更何况，现在处在乱世当中，后唐会发生什么变故，谁也不知道。当然，自己的人生路还要自己选择，我们的建议仅供参考。希望您能遵循内心深处的想法，做出正确的决定。

报社编辑

文盲皇帝治天下

李嗣源虽然是个文盲,但并不影响他成为一个好皇帝。一登上皇位,他就开始动手整顿朝政了。

为清除积弊,防止再现唐朝灭亡的悲剧,李嗣源首先对宫里的宦官痛下狠手,该斩的斩,该关的关,该放的放,最后只留下30名宦官在宫里当杂役。

接着,他对那些"闲坐说玄宗"的"白发宫女"大发善心,将她们遣送回家乡,令其成亲生子。宫中只留下宫女100人、御厨50人、教坊100人、鹰坊20人。宫中服侍的人员这样少,比起从前的皇宫,是很少见的,而他一直坚持到晚年。

因为李嗣源出身民间,十分了解民众疾苦。他知道老百姓负担沉重,都是因为地方官员横征暴敛,所以他下令,规定地方上的官员,除了重大节日要向朝廷进贡外,其他时间不准打着皇帝的旗号,搜刮百姓的财产。

李嗣源不但关心农民,还很关心商人。为促进商品贸易,活跃市场经济,他下令严禁滥设杂税,还废除了一切不必要的关卡,充分保证商业活动正常运转。

这些诏令传到民间,老百姓欢欣鼓舞,无不俯首称万岁。

公元930年,后唐经济、军事发展达到顶峰,李嗣源看到老百姓个个幸福,龙颜大悦,于是下令,把年号改为长兴,大赦天下。

昔日糕饼美人，今日女中诸葛

李嗣源当上皇帝后，采取了很多大快人心的举措，这一切，其实都是受了后唐第一美女花见羞的影响。

花见羞本不姓花，姓王，原是一家糕饼店老板的女儿。只是因为她长得如花似玉，人们认为就连花儿见了她也会羞惭，于是称她为"花见羞"。

花见羞17岁时，成了后梁大将刘鄩（yuē）的爱妾。在与李存勖的最后一战中，刘鄩不幸战死。花见羞于是带着一个丫鬟、一个老仆为夫君在墓庐守节。

城中很多大富人家贪恋她的美色，想娶她，找媒人说合，都被她当场拒绝。

李嗣源听说她的美名后，也跑去看她，结果一见倾心。

这位敢于弯弓射虎，斗大字不识一个的大英雄，为了博取美人的芳心，甚至向敌将刘鄩的孤坟作揖行礼。

花见羞见他确实很有诚意，于是脱去孝服，嫁给了他。这时花见羞才19岁。

一进门，聪明的花见羞立刻感受到了唐庄宗李存勖与李嗣源之间的暗斗。她生怕自己的第二任丈夫也招来杀身之祸，常常劝他要恬淡自保，不要离开军中，以免被李存

勖乘机杀害。

不得不说，昔日糕饼店老板的女儿，当年独守孤坟的寡妇，居然还有这样的政治见解，实在令人刮目相看。

李嗣源当上皇帝后，又听取花见羞的建议，推崇节俭，勤政爱民，从此国家连年丰收，老百姓也过上了难得的安康生活。

对于这个既有如花容颜，又有睿智见解的夫人，李嗣源宠爱有加。许多人都认为皇后之位非她莫属。

李嗣源也想立她为皇后，没想到她却拒绝说："皇后不过是一个名号，如果你我二人相爱，何必在意这个东西。"

"陛下的原配夫人夏氏虽然已经去世了两年，但跟陛下毕竟是患难夫妻，而且她的两个儿子已经长大成人，领兵在外，其他亲戚也官居要职。不如暂时追封原配为后，这样一来可以让人觉得陛下不忘旧情，二来也可以稳定父子关系，笼络人心。"

李嗣源立即追封夏氏为皇后。满朝文武都认为皇上德高恩厚，不忘旧情，对花见羞让后之举钦佩不已。

三年后，大臣们纷纷上表，认为皇后之位不可空悬，一致请求立花见羞为后。

李嗣源正好求之不得，但花见羞仍然拒绝了，坚持要李嗣源册立原先伺候过夏氏的曹淑妃为后，自己甘当妃子。如此深明大义的美人，怎能不受人尊重？

我只嫁英雄！

党争之乱卷土重来

大家都知道，唐朝近四十年的牛李党争，将唐朝后期的政治搅得一团糟。可前车之鉴还在，两位大臣安重诲和任圜（huán）居然也搞起党争来。

为了治理国家，李嗣源启用了不少新人，如冯道和赵凤。在尝到了新人治国的甜头后，李嗣源把那些不思进取的老家伙清除出了朝廷。首先被革职的是宰相豆卢革。

可是，这么大的官位空了出来，谁坐上去呢？李嗣源一时没找到合适人选，要安重诲和任圜推荐。

结果，安重诲推荐的人被选上，任圜推荐的人没入选，两人的关系瞬间变得紧张起来。

安重诲觉得皇帝有意提拔自己，开始任意妄为。

任圜对此很不服气，虽然当着李嗣源的面不敢说，但背地里却经常嘀嘀咕咕。

终于有一次，李嗣源就官员的出差费问题，找任圜和安重诲商量。

两人话没说两句，就在皇帝面前吵得面红耳赤。

任圜火爆脾气一上来，不跟皇帝告辞，就扬长而去。

安重诲趁机进谗言："任圜也太狂妄了，简直不把皇上放在眼里。"

李嗣源听后，脸当即沉下来。不久，他就罢免了任圜，让他回家养老去了。

任圜一走，安重诲便独自尊大。他仗着皇帝信任他，做事就飞扬跋扈

起来，常常先斩后奏，有时李嗣源都要看他的脸色说话。

当然，李嗣源也不是糊涂虫，堂堂一个皇帝还怕官员，这哪儿像话！

没多久，李嗣源就找了个借口把他杀了，解散了那些党争官员。

官员任用不当，给后唐政治造成了一定影响，不过还好李嗣源发现得早，并处理得当，不然好不容易出现的太平盛世，就要半路葬送了。

惊天内幕，太子居然造反

公元933年，皇宫内爆出了一个惊天内幕——李嗣源的儿子李从荣造反了。

这事很奇怪，因为长子李从璟已死，李从荣在大家眼里，当皇帝是早晚的事，为什么这样迫不及待呢？

原来，这位"皇太子"为人轻浮，志大才疏，却偏偏喜欢附庸风雅，经常召集一帮文人在他府中饮酒作诗。他自认为自己的诗天下无双，如果别人作的诗不如他的意，他就会当场将那诗撕掉，一点儿情面都不讲。

李嗣源知道自己这个儿子肚子里没有什么墨水，常常告诫他："你身为皇子，一定要学习定国安邦之道。你本来就是一个武将，不会作诗就不要作诗，免得被人笑话。"

李从荣表面上连称"是，是，是"，可一离开李嗣源，就把这话给忘到九霄云外了。

除了这些，李从荣每次上下朝，都是前呼后拥，大耍威风。为此，很多人都对他不满，就连自己的兄弟李从厚、李从珂和姐夫石敬瑭也看不惯他。

要是别的朝代，当官的个个都想进京；可李嗣源当皇帝的时候，当官的个个都想往外调。没别的，就是不想招惹李从荣。

虽然李嗣源对这位性格张扬的"皇太子"宠

给我斩了这个不肖子。

爱有加，但李从荣瞧着父亲老了，身体一天比一天消瘦，就想提前登上皇位，毕竟，当太子跟当皇帝完全是两码事。

公元933年，李嗣源咯血昏过去，李从荣暗喜：机会来了！他立即暗中调动兵马，买通宫里的官员，闯进皇宫，准备强行继位。

李嗣源一听自己的儿子造反了，气得从床上跳了下来，命令护卫军全力出击，差点儿拔出宝剑亲自上阵。

一阵激烈打斗之后，李从荣被乱刀砍死了。

父子相残，不论对谁都是极大的伤害，说到底，还是皇权惹的祸。

李从荣死后，李嗣源悔恨交加，精神几乎崩溃。

不久，这位曾经带领后唐走向繁荣的皇帝，永远地闭上了双眼，享年67岁。

李家养子再次抢走亲子皇位

李嗣源临死前,把皇位传给了三子宋王李从厚。李从厚是个老实乖巧的孩子,从来没想过自己能做皇帝。

在这个以军功夺天下的年代,那些将士们也瞧不起他,尤其是李从珂。

李从珂跟李嗣源一样,也是养子出身,跟随李嗣源征战沙场足足30年,功勋卓著。可李从珂毕竟是养子,皇位再怎么着也轮不到他。李从珂是个明白人,李嗣源封他为潞王时,他便规规矩矩地待在自己的封地,做着分内事。

可当他得知皇位传给李从厚时,内心就开始不平静了:我跟随先王南征北战时,你李从厚还是个毛头小子呢,凭什么我吃苦,你却坐享清福?

事实证明,李从厚确实不是当皇帝的料。他一登位,朝中大权马上就落在了两位老臣——朱弘昭和冯赟(yūn)手中。

这两位老人家在官场摸爬滚打多年,好不容易碰到个软弱的皇帝,能欺负多久就欺负多久。

不过,他们害怕李从珂,把他视作眼中钉,总想找机会除掉他。

不久,朱弘昭打着皇帝的旗号发出调令,要把李从珂从凤翔调往河东。

眼看自己大难临头,李从珂又气又急,气的是自己为朝廷立下大功,却被人这么欺负;急的是一旦他离开凤翔,就丧失了自己的兵权,自己就成了案板上的鱼肉——任人宰割了!这怎么能行!

他的手下也劝他:"现在皇帝是个不懂事的小毛孩,成不了大器,什

天下风云

给我杀啊!

么事都被人摆布。这样下去,先皇的江山迟早要被断送掉!如果不早点儿动手,后悔就来不及了!"

李从珂心想,反正义父已经死了,他不用怕任何人了,索性一不做二不休,举着"靖难"(即平定叛乱)的旗号,起兵造反。

李从厚哪是他的对手啊,没多久,就被打得落荒而逃。途中遇到了姐夫石敬瑭,以为遇到了大救星。

谁知姐夫不但不救,反而把他身边的卫士全部杀光,把他一个人扔在驿站。

公元934年,在位仅4个月的李从厚被李从珂的手下杀害,年仅21岁。

李家的养子再次抢走了亲子的皇位。有些人把这称为历史的巧合,可这事情也太过巧合了吧?

叛军四起，皇帝自焚

李从珂当上了皇帝，引来了众多大臣的不满——又一个谋权篡位的养子！

没多久，李嗣源的女婿石敬瑭就呈上了一封奏折，说李从珂只是个养子，不该继承皇位，现在应该自觉点儿，将皇位让出来。

李从珂看后，气得暴跳如雷。

石敬瑭却不慌不忙地联合契丹起兵造反了。

石敬瑭一带头，后唐的叛军就一窝蜂地朝洛阳打了过来。

公元936年，石敬瑭的军队开进洛阳城。

李从珂无力抵抗，举家自焚，那悲壮的场面，令人扼腕叹息。

后唐政权就此灭亡。

孔青天明察秋毫

有一个叫长垣县的地方,因为治理无方,出了四个有名的窃贼。他们一到晚上,就潜入百姓家中,偷取贵重物品,弄得民怨四起。

上级官员立即下令要长垣县县衙在规定期限内,一定将四贼捉拿归案!

告示一贴,四贼闻风而逃,全部躲进了山里。躲了很久,四贼觉得这样不是长久之计,就拿钱贿赂县衙里的官差,为自己开脱罪行。

官差收了他们的钱后,就跟上级谎报说,四贼现已抓住,由于他们罪大恶极,要马上判处死刑。

上级听了,大喜,立即派孔循亲自前往监斩。

孔循平日审案严谨,每次监斩前都要跟囚犯聊聊天,看是不是存在冤情,这次也一样。

他叫人把四名囚犯带出来问话,可无论孔循问什么,四人都只是低着头不说话。

孔循看囚犯不喊冤,罪状纸上也按了手印,觉得整个案件没有疑点,于是下令:明日午时三刻,处斩!

四个囚犯听了直跺脚,却还是没有开口为自己辩解。

到了第二天行刑时刻,孔循命令狱卒带上囚犯,立即处决。然而,当四个囚犯被带出牢门时,四双眼睛死死地盯着孔循,似乎有话要说。

孔循经验老到,一看这情形,就知道其中肯定有冤情,于是马上下令停止行刑。

他把四个囚犯带到一个密室，问道："有什么冤情尽管说，这里没有衙门里的人。"

四人这才喊道："冤枉啊，老爷。昨天早被买通的狱卒用枷尾压着我们，我们根本说不出话啊。"

"那签字画押是怎么回事？"孔循接着问。

于是，四个囚犯把他们的冤屈一一道明。

原来，他们根本就不是官府要抓的四个窃贼，而是四个普通老百姓。官府为了交差，就把他们抓进了大牢。

为避免皮肉之苦，他们才被迫画押承认自己是窃贼。

孔循听完后，立即招来狱卒质问。一问之下，事情果真像囚徒说的那样。

孔循当即下令，重新调查此案，并由自己全程监督。

最后，受贿的官员和四个真正的窃贼，全部受到惩处。

而孔循从断头台上把四位老百姓救了下来的事迹，也就传遍了天下。老百姓都亲切地把孔循称为"孔青天"。

省省吧。

呜呜呜，冤枉啊。

名人有约

身份：唐明宗

大：大嘴记者　李：李嗣源

大：皇上您好，半个月前您一纸皇令大赦天下，百姓到现在还在齐呼万岁呢！

李：真的吗？没想到他们那么兴奋。可高兴归高兴，也别忘了生产，眼看又到收麦子的时候了，国库终于可以充实了。

大：难道国库一直以来都处于亏空状态？

李（叹气）：唉，每到收成不好的年份，我就命令官员开仓放粮，再加上国家四面都有敌人，军费肯定是不能少的，没几年，国库就空了。

大（表示同情）：听说您是位十分节约的皇帝，每天都是粗茶淡饭？

李：老百姓饿着肚子，我也吃不下饭；老百姓穿不上保暖的衣服，我就觉得身子冷。只有老百姓生活安定了，我才能睡个好觉。

大（有点儿感动）：据我们观察，您即位后，还狠狠地惩治了一把贪官。

李：纵观历史，很多王朝就灭亡在了贪官污吏上。他们在朝廷当官，拿着国家的俸禄，不仅不做事，还到处搜刮民脂民膏。这样的官员我查到一个，处死一个，绝不手软。

名人有约

大：贪官污吏我也是恨得牙痒痒。

李：怎么你也被欺负过，把他名字报上来，我帮你主持公道。

大：小民谢过皇上的好意，不过，那贪官早被愤怒的群众用砖头给砸死了。

李：唉，可见人民对贪官是多么仇恨。我还制定了一些其他法令，比如，禁止有钱人逃税漏税，有钱还装穷酸样，真叫人看不下去；禁止私自买卖人口，每个人都是爹妈生的，谁不心疼；还有禁止放高利贷，禁止随地大小便，禁止说粗话，禁止……（以下省略数千字）

大（**心里嘀咕**）：这么多，谁记得清啊！

李（**相当自豪**）：怎么样，我治理国家有一套吧！

大（**趁机拍马屁**）：那是相当有一套啊。最后，我还听说，您将宫里年纪大的宫女都放出去了。记得上期有个老宫女给我们报社写信，希望告老还乡，想必现在她已经回到了家乡，见到了亲人。

李：没错。"白头宫女在，闲坐说玄宗。"唉，这首诗读起来真叫人心酸哪。

大：所以……

李：所以在我们后唐，决不允许这种事情发生！

大：皇上英明！通过短暂的交流，我发现您是位和蔼可亲的好皇帝，后唐在您的引领下，定会更加繁荣昌盛。

广告铺

求购聂夷中诗集

自从冯道给皇上念诵了聂夷中的《咏田家》后，聂夷中便一夜"爆红"。对于这位唐朝进士的文采，我是十分佩服，尤其是他那句"医得眼前疮，剜却心头肉"，完全是老百姓的生活写照。现本人手上只有《咏田家》《田家二首》《短歌》三个篇章，欲求购聂夷中全集，希望好心人成全，本人感激不尽。

某诗歌爱好者

诚邀驴友结伴出游

四月是个适合出门旅游的季节。当你身处山间，闭目养神，呼吸清新空气时，定会感觉大自然是如此美好。

本人已租好马车，定于中旬出发游玩华山，现诚邀志同道合者共同前往，彼此为伴。路上请自带干粮，备好衣裳、雨伞，以防天有不测风云，有水土不服者，请提前准备药物。

李驴友

招聘建筑师

为传播皇室威名，现决定在皇城内建一标志性建筑，以彰显皇家无上荣耀。现特向全社会招聘一流建筑师，有意者请先将结构草图上交朝廷。需注意的是，此建筑需体现皇城的气派，要庄严，但不宜过高，不能太过老派。作品审核通过后，自会有人找作者面谈。

后唐工部

智者第❶关

1. 朱温曾经被唐朝皇帝赐名什么?
2. 唐朝最后一位皇帝是谁?
3. 节度使是一种什么官职?
4. 朱温是靠什么发家的?
5. 五代十国是从哪国开始的?
6. 后唐不识字的皇帝是指谁?
7. 李克用是汉族人吗?
8. 后唐的都城在哪里?
9. 后唐偏好伶人的是哪位皇帝?
10. 李存勖跟李嗣源是什么关系?
11. "医得眼前疮,剜却心头肉"出自哪首诗?是谁写的?
12. 朱温是被谁杀死的?
13. 柏乡之战的交战双方是谁?
14. "李亚子"是谁的名号?
15. 李存勖的皇位被谁抢走了?
16. 后唐传了几代?分别是谁?
17. 后唐的灭亡时间是哪一年?

智者无敌 王者为大

第❹期

〖公元936年—公元947年〗

后晋特刊

穿越必读▶

公元936年，李嗣源的女婿石敬瑭与大舅子李从珂公开决裂。为了求得北方契丹的支援，他不惜认贼作父。建立后晋后，他把燕云十六州献给了契丹。燕云十六州的丢失，为日后北宋边患埋下了祸根。

燕云十六州被卖，举国哀痛
——来自洛阳的加密快报

公元936年，石敬瑭领着军队开进洛阳，稍稍清理了一下皇宫后，正式做了皇帝，即晋高祖，改国号为晋（史称后晋）。

可开国大典还没结束几天，石敬瑭就下令，将雁门关以北的燕云十六州献给契丹，同时每年奉送契丹国贡帛30万匹，逢年过节还有额外礼品相送。

消息一经传出，举国哗然。无论是在街边的茶水小摊，还是在高档饭馆里，到处都有人在议论此事。

有人建议马上出兵攻打契丹，说不定还能将土地收回来；有人认为，这样做有失中华礼仪，既然燕云十六州已给了契丹，就要信守承诺。

但不管怎么争执，大家都一致认为石敬瑭是汉奸，是十足的民族败类。可不久有人出来反驳，说石敬瑭的户口本上填的是沙陀族，不是汉族。

面对这样的辩驳，所有的爱国者顿时成了哑巴。

来自洛阳的加密快报！

石敬瑭为什么卖国求荣

石敬瑭为什么要用燕云十六州换取契丹的支持，登上了皇位呢？

原来，石敬瑭和李从珂两位都是李嗣源的至亲，又都是李嗣源的头等功臣，因此早在李嗣源在位时，他们就谁也不服谁，经常对着干了。

李从珂做了皇帝后，一直想除掉石敬瑭这个心腹大患。可太后，也就是石敬瑭的丈母娘死活不同意。再加上有人说石敬瑭一身的病，活不了多久了。李从珂心一软，就把石敬瑭放了。

石敬瑭从鬼门关里走了一圈，又怕又恨，心想这样也不是长久之计，要么灭了李从珂，要么被李从珂灭了。可自己手里就那点兵，反不起来。

于是，他把目光投向了契丹国。当石敬瑭恭恭敬敬向耶律德光下拜，嘴里还叫着干爹时，耶律德光乐了。因为他比石敬瑭还小10岁，而且正想进攻中原呢！

就这样，石敬瑭以燕云十六州的代价，得到了契丹的帮助，如愿以偿当上了皇帝。

同时，他也得到了一个非常贴切的绰号——儿皇帝。

百姓茶馆

茶馆小二

当今皇上太让我失望了,他不仅卖主求荣,还向小他10岁的契丹人自称儿子,太有伤国体,作为这个国家的子民,我觉得非常丢人。

听说后蜀皇帝孟知祥是位明君,在他的管制下,国家风调雨顺,人们安居乐业。我决定搬到后蜀去,下周就动身前往。

穷书生小宁

亡国了,这回是真的亡国了。石敬瑭献出燕云十六州,从此中原门户大开,北方的少数民族可以肆意进入中原。想我堂堂的汉族人就要被异族化,语言、服饰、饮食,到时统统得遵循他们的习俗,我们马上就将成为亡国奴。

幽州城内小贩

自从契丹人接管燕云十六州,幽州城里几乎天天没有安宁。打架斗殴经常发生,隔三岔五的还有游街示众。那些说着契丹语的士兵,总是跑来我这里白吃白喝,不高兴时还动手打人。但是为了活下去,我们只能对他们笑脸相迎。

天下风云

来自燕云十六州的信

编辑老师：

你好！

我就是人们天天骂、日日骂的石敬瑭。你可以把我的信丢掉，也可以拒绝和我说话，但我还是有话要说。

要不是李从珂那个忘恩负义之人欺人太甚，要夺我兵权，我贵为驸马，怎么会骂他，怎么会造反呢？

我实在是走投无路，才跟契丹联合起来啊！把燕云十六州拱手送给契丹，我也很后悔。为什么百姓都不能站在我的角度想想呢？

为了改过自新，我免除了80岁以上老人的徭役，把后晋治理得不比后唐差。为什么老百姓就不能原谅我呢？

石敬瑭

石敬瑭：

你好！

当你抱怨百姓们没有站在你的角度着想时，你为百姓们想过吗？为燕云十六州的百姓想过吗？

自古以来，打仗是兵家的家常便饭。你们兄弟打打就算了，为何要把外人扯进来呢？为了圆你的皇帝梦，你不惜引狼入室，你不觉得你的所作所为可耻吗？

现在燕云十六州成了契丹的领土，听说那里的老百姓饱受契丹人的折磨，生活苦不堪言。你这个皇帝做得安稳吗？你吃饭吃得香吗？做别人的儿皇帝很过瘾吗？

老百姓为什么这么对你？你还是好好地反省一下自己吧！

报社编辑 

契丹灭后晋

公元942年，儿皇帝石敬瑭翘了辫子，他的侄子石重贵当上了皇帝，即晋出帝。

石重贵虽然算不上什么明君，但他至少比石敬瑭有骨气。他一登上皇位，就给契丹皇帝传了个话，说从今以后，我们后晋再也不向契丹称臣啦。

耶律德光气坏了："你是我孙子辈，竟敢跟我叫板？"于是决定给石重贵一点儿颜色瞧瞧。契丹军队开始进攻后晋边境。

消息传到汴州，石重贵也毫不示弱，立刻御驾亲征。一场大战下来，将契丹军打得屁滚尿流。

公元943年，耶律德光不甘心失败，再次挥军南下。石重贵也再次亲自上阵。两军主力打了一天一夜，双方死伤惨重，不分胜负。

公元944年，耶律德光第三次率兵南下。石重贵以为前两次打赢了，没有把这个"爷爷"当回事，继续在后宫寻欢作乐。

可是，此一时，彼一时。原来忠于皇上的将领们见皇帝都不管，也就懒得出兵抵抗。为求自保，将领们投降的投降，叛变的叛变……

石重贵走投无路，只得以孙子的身份写了一封投降书。自此，后晋灭亡。

佛像竟会说话

魏州冠氏县出了件怪事，寺庙里的一尊佛像竟然开口说话了。此事一传开，后晋皇帝石敬瑭都觉得惊奇，命下属前往探查。

前来调查的官员叫尚谦，同时跟来的还有主簿张辂（lù）。他们走到庙前，张辂便凑到尚谦耳边，说了一段悄悄话，然后消失在寺庙旁的小树林里。

寺庙的和尚听说有大官要来，纷纷外出迎接。尚谦询问领头的和尚，是否寺庙里所有的和尚都在，领头的和尚点头称是。尚谦就带着所有和尚走进佛堂一探究竟。

另外一边，张辂却偷偷溜进了和尚们的住处。他仔细察看后，发现床底下有一条密道。张辂顺着密道下去，一直走到佛像底下，抬头一看，发现这尊佛像是空心的。于是，张辂就藏在佛像里，一声不吭。

尚谦跟和尚们来到佛堂，前来看热闹的村民也挤满了屋子，突然，佛像开口说话了："你们这些和尚听着，今天我张辂也下凡显灵了，哈哈哈哈！"

和尚们听后大惊失色，全都伏在地上磕头求饶。

原来这一切都是和尚们在捣鬼。因为这座寺庙香火冷清，为了吸引香客，和尚们就故意做了个空心的佛像，然后让人藏在佛像里说话。这样一来，人们就以为这座寺院的佛像真的显灵了，于是纷纷前来上香祈祷。

名人有约

身份：《旧唐书》主要编撰者

大：大嘴记者　刘：刘昫（xù）

大：您好，我是大嘴记者，想向您请教关于《旧唐书》的几个问题。

刘：你尽管问吧！

大：首先祝贺您编撰出如此浩大的《旧唐书》，对于民间把它与《史记》相提并论，请问您有什么想法？

刘：我怎敢跟先贤一比高下。这都是因为皇上（后晋皇帝石重贵）带领有方，高瞻远瞩，我们做臣子的只是按章办事。

大：您的意思是，这本书是皇上让您写的？

刘：没错。

大：那请问在写作过程中，您有没有感到特别大的压力？

刘：压力是有的，皇上总催促我们尽快完成，既要写得快又要写得精彩。不过我得澄清一下，这本书其实不是由我写的，因为历朝有个不成文的规定，谁任宰相，谁就要担任国家修史的主编，说白了，我就是在书上面挂个名而已，真正写书的是别人。

大：原来是这样，那写书的有哪些人？

刘：张昭远、贾纬、赵熙、王伸、吕琦、尹拙、崔棁、郑受益、李为先。其中，张昭远出力最多。你把他们的名字记下来，然后向天下人报道，让他们的美名流传千古吧。

大：我会的。您可以具体介绍下这本书吗？

刘：全书由本纪、志、列传三部分组成，本纪负责记录皇上的故事，从高祖李渊到哀帝李柷，共 20 卷；志包括天文地理、礼仪音乐等社会风俗，共 30 卷；列传 150 卷，记录包括唐初以来的所有重要人物和重大事件，连周围的少数民族也有记载。

大：工作量如此之大，成书的过程一定很辛苦吧？

刘：在写书过程中，作者参考了大量的文献资料，如吴兢（jīng）的《唐书备阙记》、王彦威的《唐典》、蒋乂（yì）的《凌烟功臣》《秦府十八学士》《史臣》等。我们追求真实，哪怕人物的对话都要有根有据。

大：那《旧唐书》与先前的史书相比有哪些区别呢？

刘：区别也不是很大。因为都是史书，都必须充分尊重史实，故事不能凭空想象，能发挥的也就只剩文风了。再者，文无第一武无第二，要说好不好看，只有等你们买回家，自己慢慢品味了。

大：感谢您接受今天的采访，最后我能提个小小的请求吗？

刘：你说吧。

大：您能不能送我一本《旧唐书》，并在上面签个名？

刘：没问题。

大：谢谢，再见！

广告铺

代寻亲人朋友

自从割让燕云十六州后,契丹军大肆入侵,众多家庭解体,亲人朋友走失。可是茫茫人海,再加上时局动荡,找人并不是一件容易的事。现在,只需支付吃一顿饱饭的钱,丐帮寻人会帮您解决一切问题。我们眼线广,会员遍布中原大地,无论在城市还是乡村,无论在战场还是荒野,只要您细致描绘出亲人面貌,我们保证在15个工作日内,帮您找到。

丐帮寻人会

吴家收留所开放

最近越来越多的难民涌进汴州,他们大多来自燕云十六州,有些是独自一人,有些是举家搬迁。这些人进入汴州后大多无处落脚,为了帮助这些难民,吴家收留所将于近期开放。

收留承诺:收留所有有困难的百姓,无论男女老少。另外,收留所每天提供一碗白米粥,三个包子,请有困难的朋友暂时前来居住。

吴家收留所

庆祝石贼已死

著名的卖国贼石敬瑭因为贪图享乐,不顾百姓死活,又成天受"父皇"契丹皇帝的气,不能完全掌控兵权,身心大受刺激,以致郁郁寡欢、忧愤成疾,已于近日去世,年仅51岁。

特此庆祝!并与燕云十六州的同胞们同庆!

后晋百姓甲

第5期

〖公元947年—公元950年〗

后汉特刊

穿越必读

公元946年，契丹灭了后晋。石敬瑭的死党刘知远看准时机，第二年在太原称帝，建立了后汉，与南唐、吴越、楚、南汉、后蜀、南平等政权并立。后汉政权只存在了四年，第二个皇帝刘承祐就被郭威的叛军杀害，是五代史上最短命的王朝。

烽火快报

刘知远建后汉，光复中原
—— 来自晋阳的加密快报

耶律德光灭了后晋之后，留下他的表兄弟萧翰留守，自己带着满车的金银财宝，得意扬扬地返回家乡。

回程路上，他们仍旧烧杀抢掠，无数无辜百姓死在他们的屠刀下面。

来自晋阳的加密快报！

俗话说得好，善有善报，恶有恶报。公元947年，契丹军队走到半路，耶律德光突染重疾，卧床不起，因医治无效死亡，死时才45岁。

而在这不久前，河东节度使刘知远在晋阳称帝，即后汉高祖，建立后汉政权。

耶律德光的死讯传来后，刘知远趁机召集文武百官，商议讨伐契丹，光复中原。

后汉大军自晋阳出发，一路势如破竹，很快开进汴州，赶走了契丹守军。不久，刘知远将汴州定为后汉的都城。

中原百姓重新看到了希望，翘首盼望着后汉能再塑后唐辉煌，带领他们脱离苦海，过上安定的生活。

沙陀臣子变皇帝

刘知远虽姓刘,却跟石敬瑭一样,是沙陀人。刘知远跟石敬瑭还是"铁哥们",曾两次救过石敬瑭的命,因此石敬瑭对他十分感激,把他留在自己身边。

当石敬瑭用燕云十六州作交换,向契丹借兵时,刘知远曾强烈反对:"称臣可以,给他当儿就太过了;您可以用一些珠宝贿赂他们,但千万不能割让土地啊。他日造成后患,后悔莫及啊!"

只可惜,石敬瑭一心想做皇帝,没有接受他的意见。

没多久,两人因为石敬瑭重用自己的妹夫杜重威,产生了裂痕。

刘知远于是以河东为根据地,暗地里养精蓄锐,渐渐地积累起一支精兵。

等到石敬瑭去世了,石重贵跟耶律德光开战后,刘知远没有出兵,而是选择按兵不动,等待时机,并借此收编了很多流亡的后晋军人。

契丹人在中原胡作非为,他的手下很看不惯,劝他进攻开封、驱逐契丹。

刘知远却另有打算,他说:"用兵要看形势,要懂得随机应变。契丹刚刚收降了后晋10万大军,又有开封这坚固城池,我怎么能选在这个时候进攻呢?再说,契丹只是贪图金银珠宝,等他们抢够了,自然就会离开。到时我们再打过去,就能保证万无一失了。"

果然没多久,契丹人灭了后晋后,马上撤了军。

绝密档案

中原一时无主,许多人便写信给刘知远,劝他登基称帝,自己甘愿臣服,然后合力把契丹军赶出中原。

刘知远的心腹郭威也劝道:"耶律德光已失人心,整个天下都在盼着主公。只要主公登位,颁布号令攻打契丹,我相信天下人都会跟随的。"

知道了,知道了!

再不快点儿,皇位就被别人抢走了!

刘知远还是犹豫不定。

郭威又接着说:"主公您不要再谦虚了,要是别人先登了皇位,您后悔也来不及了。"

刘知远点点头:"有道理!"于是他在晋阳(太原)称帝。

大奸臣终于垮台

虽然契丹撤了军，刘知远当上了皇帝，但还是有一些人对他不服气。其中最不服气的是石敬瑭的妹夫杜重威。

杜重威是契丹的邺（yè）都留守。自从石重贵与契丹断绝关系后，杜重威为了不得罪契丹军，就紧关城门，任由契丹军在城外烧杀劫掠。

当成千上万的难民经过城外时，杜重威站在城墙上冷眼旁观，根本就没有出城营救的意思，最后他干脆向耶律德光投了降。

耶律德光一高兴，当场答应杜重威："等我杀了石重贵，就让你当中原皇帝！"甚至还做了一件龙袍送给他。

杜重威得了好处，立刻召集手下将领，谎称由于粮食已吃光，只好投降契丹。

士兵们听后万般无奈，纷纷脱下铠甲，放声大哭。

为防止兵变，杜重威还在军中埋伏了精兵，谁稍有异动就杀了谁。

邺都是一个军事重镇，为了防止它落在大汉奸杜重威的手里，刘知远当上皇帝后，立刻下诏，以大汉皇帝的名义，任命杜重威为归德军节度使，想借此削弱杜重威的军事实力。

杜重威可不是三岁小孩子，他把来使轰了出去，说："回去转告你家皇帝，我杜重威不受他管，叫他别打我的主意。"

刘知远一听："什么？不过来？那我就请你过来！"于是派节度使高行周率军前往，"请"杜重威赴任。

天下风云

杜重威有点儿怕了，赶忙派人去请契丹军帮忙。可此时的契丹军自身都难保，没请过来多久就被赶了回去。

杜重威无奈，只得死守邺都。

刘知远见杜重威"请不动"，就亲自带兵来围城，声称要饿死杜重威。

这下，杜重威可撑不住了。

在被围困一百多天后并得到了刘知远"不杀他"的保证，杜重威终于打开城门投降了。

事后，刘知远履行承诺，没有杀杜重威，只是没收了他的全部家产，用来犒赏三军。

不过，后来杜重威还是被刘知远的儿子刘承祐砍了头，尸体也被抛在了菜市场里，围观的百姓都拍手称好。甚至还有些特别痛恨他的人，冲上去用刀子割他的肉，丢进嘴里狠狠咀嚼。

看来人们对于杜重威投降契丹，引狼入室的行为是恨到骨头里了。

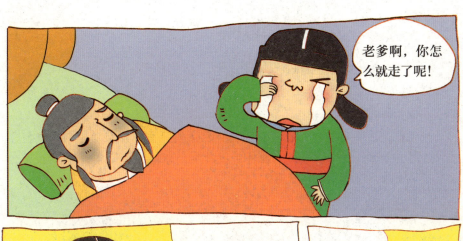

天下风云

给契丹"走狗"的回复

编辑老师：

你们好！

我曾是后晋时期的一位守边小将，因为契丹大军强势南下，又挟持了我的老婆儿女，迫于形势，我投降了契丹军，并做了契丹的"走狗"，替他们收集情报，搜刮民众的钱财。

现在，刘知远建立后汉，把契丹人赶出关外，人民欢呼雀跃，而我却再没脸面见世人。本地人恨透了我，个个都说要把我吊起来处死。现在，我每天都躲在家里，不敢出门，请问我该怎么办呢？

无名氏

无名氏：

你好！

刘知远为消灭境内的契丹军队，曾宣布以下条例：各地为契丹搜刮钱财的事一律禁止；后晋时被迫投降契丹的人，不再追究责任；各地的契丹人一律处死。

如果你说的全部是实话，只要你保证从今以后再也不助纣为虐，别人是没有权力将你处死的。另外，若你有心赎罪的话，可以加入抗击契丹军的大营，再次守卫边疆，弥补曾经犯下的过错。

百姓茶馆

> 皇上（指刘知远）因过度思念长子刘承训而病倒，身为佛门弟子，我们全寺僧人将打坐三天为皇上祈福。希望皇上身体早日康复，这样，黎民百姓也可以多享受几年安定生活。

某寺庙方丈

太原一平民

> 昨日，皇宫里传出噩耗，皇上（刘知远）驾崩了。对于这个驱逐契丹人的民族英雄，我是相当敬佩。对他的去世，我深表难过。我决定，在接下来的七天里，全家不吃肉，只吃素，并且集体默哀三天。

花见羞的婢女

> 儿子死了，皇上也死了，不知是不是因为我们娘娘花见羞的缘故。那可是个传奇的女子啊，一生经历了后梁、后唐、后晋、后汉，见证了四个王朝的兴衰。她为人挺不错的，待人谦虚有礼，特别和气。可刘知远还是把她儿子杀了，最后连她也杀了，唉……

郭威平叛，幼主发威

刘知远病逝后，他的儿子刘承祐即位，称汉隐帝。刘承祐的宝座还没坐热呢，就接连接到前线急报：河中节度使李守贞、永兴节度使赵思绾（wǎn）、凤翔节度使王景崇这三个藩镇联合叛乱。

刘承祐怕得要命，大将郭威却一脸淡定，这点儿小打小闹，对他来讲，算不了什么。

有我郭威在，谁敢造反！

不过，为防万一，出发前，郭威还是跑去太师府向冯道请教。

冯道说："李守贞是老将，很多将士都是他的老部下，所以士兵们都愿意为他卖命。只要郭将军舍得花钱，并能体恤将士，士兵们自然就会向前冲。"

郭威觉得很有道理，一边率领大军西行，一边用大把金钱收买军心。

等到了前线,士兵们果真斗志昂扬,奋力厮杀,很快平息了叛乱。

经过这次大捷,郭威在军中的威望如日中天,再加上他手握兵权,刘承祐对他产生了猜忌,生怕他一个高兴,或是一个不高兴就造了反。

本来,刘知远去世前担心儿子年少,不懂治国,找了四个辅国大臣帮刘承祐,使得他迟迟没能亲政。

三镇叛乱被平定后,刘承祐就想:自己也是二十出头的人了,大臣们手中的权力应该交出来才是。尤其是郭威,他对自己的皇位是个大大的威胁。

于是,公元950年,当一切准备妥当后,年轻气盛的皇帝动手了。他先杀了辅国大臣,灭了他们三族。接着,又派使者去杀镇守北方的郭威,还把住在京城的郭威一家老小满门抄斩,弄得整个都城血光冲天。

事情闹到这地步,双方也就别想握手言和了。

最后,郭威以诛杀奸臣的名义起兵,攻入都城汴州。刘承祐的军队根本就不是郭威的对手,没打几下就投了降。

最后,刘承祐带着剩下的几十个人,躲入了一户村民家中,结果被部下劈死了。

慕容彦巧破欺诈案

郓（yùn）州的主帅慕容彦不但机智过人，而且善捕盗贼。最近，他又巧妙地破了一桩欺诈案。

郓州城内有间很大的当铺，由于店主善于经营，当铺生意兴隆，每天顾客络绎不绝。

这天中午，烈日炎炎，街上几乎看不到人影。当铺看店的伙计无精打采地趴在桌上，眼皮沉重，没一会儿就打起了瞌睡。

这时，从外面走进来一位年轻人，穿着华丽，风度翩翩，看样子非富即贵。

年轻人走到柜台前，把伙计叫醒，从衣兜里取出两锭亮闪闪的大银，往柜台一放："我因为有急事在身，想在贵店兑换散钱，等过几天再把大银赎回去。"

伙计仔细一瞧，吓了一大跳，两锭白花花的大银，起码也得值个十万八万钱呀。伙计不敢怠慢贵客，赶忙去里屋请老板出来。

老板看着银子也愣住了。问过原因后，他拿起两锭大银过了秤，价值二十万钱。老板当即开了当票，给了年轻人十万钱。年轻人拿着当票和厚厚一叠钱，谢过老板，并说十天之后必回来赎大银。

等年轻人走后，老板非常高兴，回去将这件事和老板娘说了。老板娘一听也很高兴，想亲眼看看大银。可是，她一个不小心把大银摔到了地上，等捡起一瞧，大银表面已经退漆，原来是块假银。老板得知受了骗，心急

八卦驿站

火燎地赶往衙门告状,慕容彦听完事情经过后,微微一笑。

很快,郓州城内贴出了一张告示,告示上说,咋晚当铺不慎遭偷,值钱的东西被洗劫一空,希望全郓州人动员起来,发现可疑人物立即报案,奖金十万钱。

几天后,那个当初用假银骗钱的年轻人,突然现身店铺。慕容彦早算到他会来,命令埋伏在一旁的官差上前捉拿,骗钱者就此落网。

这究竟是怎么一回事,骗子又怎么会自投罗网呢?

原来,骗子看了告示后,发现被偷的当铺正是自己压银的当铺。告示上说,当铺内值钱的东西被偷,那么两锭大银多半也被偷走了。

于是,年轻人想趁机再赚一笔。他只要拿着当铺开的票,就可以名正言顺地向当铺索赔。当他兴冲冲地赶到当铺时,却没想到,这一切都是慕容彦设下的局呢!

名人有约

身份：后汉高祖

大：大嘴记者　刘：刘知远

大：皇上您好，您赶走了契丹人，老百姓都把您视为英雄呢！
刘：分内之事，义不容辞，我相信每个有血性的男儿都会这么做。

大：说的也是。听说当初石敬瑭出卖燕云十六州时，您就强烈地反对过。
刘（气愤）：我是坚决反对这样做的。当时我建议，可以向契丹称臣，但决不能称儿；可以保证每年给契丹一笔钱，但决不能把整个燕云十六州献出去。那可是进入中原的要害之地啊，献出燕云十六州，无异于引狼入室。果然10年来，中原的百姓受尽了苦痛。

大：可惜，石敬瑭最终还是没有听您的话。
刘：唉，我劝得口都干了，可他一根筋地只想做皇帝，哪还听得进我的话，话说多了还有可能招来杀身之祸。只怕他这一举动，会招致千万世的骂名。

大：这是必须的。在契丹问题上，您一直是主张抗击的，可听说，契丹人进入中原后，您也认了耶律德光为义父，这究竟是怎么回事？
刘（一脸的无奈）：唉，当时我的实力还不足，不能马上跟耶律德光翻脸，表面上看似对契丹称臣，实际是在等待机会。大丈夫能屈能伸，何愁找不到机会东山再起。

名人有约

大：原来是这样，可是那时老百姓都误会了您，骂您是个缩头乌龟。

刘：忍，自古成大事者，就必须忍气吞声。百姓误会我不要紧，只要我没丢下收复中原的志向就行。那时我就相信，总有一天，他们会理解我的苦心的。

大（有些崇拜）：现在我终于明白，为什么有这么多人崇拜您了。

刘：只要是为民办实事，不被理解也没关系。

大：真伟大，我还有个疑问，关于杜重威的，民间个个称其为大奸臣！

刘：我已经把他抓起来了，关在天牢里。

大：既然已经抓住了，那为什么不就地处决他，老百姓对此很不理解？

刘：当初抓杜重威的时候，那人十分狡猾，要我保证不杀他才肯投降，为了不拖延时间我就答应了。既然答应了别人就要做到，当皇帝的怎么能出尔反尔呢。其实，杜重威卖主求荣，引狼入室，我也是巴不得立马杀了他。

大：留他在身边迟早是个祸患，皇上应该要找个借口除掉他。

刘：杜重威的确是十恶不赦，他昨天能投降契丹，今天也能背叛后汉，留他不得，是应该想个办法的，你有什么好建议？

大：皇上可以把他关起来，严加看管。等皇子登基时，再下诏书把他处死，这样既不违背皇上您的诺言，又能处死他，还可以收获一大把的民心，一箭三雕，岂不是好事？

刘：好主意，朕重重有赏。来人，赏赐一千两黄金。

大：谢谢皇上，谢谢皇上！

刘：等下留在皇宫里吃顿饭吧！来人，备碗筷……

广告铺

明日清扫街道

　　契丹人跑是跑了，可整个顺州城被他们弄得不成样子。房屋破败，马路一片狼藉，到处都是苍蝇、蚊子，这样很容易传播疾病。经商议，官府将派出150名工人，清扫顺州城所有街道。到时还请居民们配合，如果给你们带来不便，敬请谅解。

顺州衙门

求见皇上一面

　　皇上（指刘知远）赶走契丹人，是百姓心目中的英雄，更是我崇拜的偶像。我听说皇上将在本月底巡视汴州，并与百姓代表握手交谈。我急于见偶像一面，特张贴此广告。

　　求当天皇上巡视的具体街道、具体时间，在哪个地方遇见皇上的概率高。还有，百姓代表是如何选出来的，我能否参选？只要能见到皇上，跟他握手，花再多的钱财我也舍得。

汴州一"粉丝"

诚信搬家

　　战乱时代，人员的流动也大。一些原本在城里做生意的人，看到战争就往乡下跑，而沉重的家当物品就成了累赘，舍也不是，不舍也不是，该怎么办呢？

　　鉴于市场的需要，李家兄弟二人特成立了诚信搬家公司。本公司大小马车齐全，接受长短途搬运，量价而收，童叟无欺。欢迎各位邻里乡亲前来预约，前50名还可打对折。

诚信搬家铺

第 6 期

〖公元951年—公元960年〗

后周特刊

穿越必读 ▶

公元951年，后汉大将郭威兵变，建立后周，史称周太祖。他在位期间，留心革弊，为老百姓做了一些有益的事，在五代各国中算得上一位明君。他的养子周世宗柴荣继位后，继承他的遗志，锐意改革，励精图治，南征北战，为天下统一奠定了基础，被称为"五代第一明君"。可惜的是，他英年早逝，儿子柴宗训继位仅6个月，后周就灭亡了。

CHUANYUE BIDU

烽火快报

郭威被逼做皇帝
——来自汴州的加密快报

公元951年，郭威领兵抗击完契丹军，回到汴州的时候，文武百官纷纷涌出来，口中高呼万岁。

这是继后唐的李嗣源之后，又一个被逼做皇帝的人。而这场兵变，也被人们称为"澶（chán）州兵变"。

郭威回到汴州后，从李太后那里顺利地拿到了传国玉玺，名正言顺地登上了皇帝的宝座。

他自称是周朝后人，改国号为周（史称后周）。

有人说，其实这是一场精心策划的阴谋，郭威就是幕后的主使。

当然，也有人不相信这番言论，认为郭威确实是被逼无奈才做了皇帝。因为他对后汉一直都是忠心耿耿的。

来自汴州的加密快报！

扯来黄旗当龙袍

这些年来，改朝换代已是稀松平常的事儿。对于澶州兵变，百姓们早已经见怪不怪。

不过，这一次，士兵们又是因为什么原因，非得逼着郭威造反呢？

原来刘承祐惨死后，郭威哭着跑进皇宫，要李太后主持公道，说如果不是皇上听信别人的谗言，把自己一家老小都杀了，事情也不会闹成这样。

李太后见儿子已死，郭威又大权在握，也只好作罢。

郭威于是率百官，去请李太后垂帘听政。

李太后说："皇帝已经驾崩了，现在最重要的，是大家推举出一位贤王，让我们大汉基业永传下去。"

众人经过商议，推选刘崇（刘知远的弟弟）的儿子刘赟为帝。

可还没等事情商议完，边境就传来快报，契丹大军南侵。这时，朝中已经没有其他可以抵挡敌军的人了，李太后只得让郭威前去迎敌。

真方便，既能当军旗又能当龙袍。

一路上，士兵们都在担心，刘赟当上皇帝后，多半不会放过他们。

走到澶州（今河南省濮阳市）后，军中有个会观测天相的人发现，太阳东边有紫气朝郭威袭来。

"大家快来看啊，这是上天要立郭公为皇上啊！"

将士们立刻会意，绕到郭威身边，请他登基做天子。

郭威大惊失色："你们这是在陷我于不义啊！"

士兵们不由分说，扯来一张黄旗，当作龙袍裹在他身上，接着都跪了下来，口呼万岁，场面十分壮观。

郭威回到都城后，立即率亲信进宫面见李太后，说："臣受三军拥戴，实在是身不由己。"

李太后见形势已经走到这一步，也没有办法，只好顺水推舟，将天下传给了他。让人深感欣慰的是，郭威对李太后一直都是毕恭毕敬的。

唯一让人遗憾的是，他一登上皇位，就立刻派人找到刘赟，将他杀了。可怜的刘赟连一天龙椅也没坐过，就命归黄泉了。

后续报道

听说儿子刘赟被杀后，河东节度使刘崇气坏了，也在晋阳（太原）称起帝来，还多次放出消息说，他迟早要带着北汉的兵马打到汴州，将郭威从皇宫里揪出来，砍下他的脑袋，为儿子报仇。看来又免不了要大战一场啊！

纸衣瓦棺里的好皇帝

后周太祖郭威出身于贫苦人家,读过一些书,知道民间疾苦。

做了皇帝后,他生活节俭,不仅不让地方进贡特产和宝物,还让人将宫中的金银玉器、古董珍玩当众打碎,并说:"我是在穷人家中长大的,不过是运气好当了皇帝,怎么能搜刮百姓让自己享受呢?"

与此同时,他又减轻了一些赋税,取消了一些严刑峻法,并对大臣们说:"我长期生活在军队中,没有什么大学问,不知道治国平天下的道理。你们文武大臣,不论有什么建议,只要是利国益民的,都可以向我提出,不过文字要简洁、切实,不要冗长、修饰。"

果然,大臣们提出了不少好建议,他一一虚心采纳。

他还留心搜罗人才,所任用的魏仁浦、李穀(gǔ)、王溥、范质等人都忠于职守、遵守法度,君臣合力,逐渐改革了一些弊政,使北方地区的经济、政治形势渐渐好转。

不过没多久,他就病倒了,甚至走路都要人扶着。好在他的养子柴荣十分孝顺,不但亲自为他调药治病,而且办事也比较得力,帮他把朝政治理得井井有条。

公元954年,郭威病情恶化,临死前将柴荣叫到跟前,说:"我死后不要金银珠宝陪葬,用纸衣、瓦棺下葬就可以了;也不要刻石羊、石虎这类东西,只要在碑上刻上:'周天子平生好俭朴,遗令用纸衣、瓦棺下葬。'就可以了。"

在他的精心治理下,大周(后周)在很短的时间里就富强起来。

南征北战，一代明君

公元954年，郭威病死后，将皇位传给33岁的养子柴荣（即周世宗）。

柴荣原是郭威的夫人柴氏的侄子，是由郭威一手带大的。他性格沉稳，长相英武，不但爱读历史，马上功夫也很厉害，天生就是块当领袖的料。郭威特别喜欢他，就干脆收为养子。

柴荣刚刚即位，边关就传来八百里急报：北汉刘崇联合他的契丹"叔叔"，领着三万多人马直逼潞州。

柴荣顿时怒发冲冠："刘崇老儿欺负朕刚登基，国家不稳，就急着领兵来打朕。朕要御驾亲征，给他点儿颜色瞧瞧。"

两军在南平相遇，瞬间厮杀成一团，分不清敌我。刘崇见了大周军的气势，不敢大意，下令让军队暂时后退，自己坐镇军中指挥。

柴荣见两军打得难分胜负，这样耗下去怎么行。他当即拔剑出鞘，跃马入阵，亲自引领50名精骑兵，直冲刘崇营帐，把坐镇指挥的刘崇吓得半死。

大周士兵见皇上如此神勇，谁还敢后退，个个斗志昂扬，奋勇向前，拼死砍杀敌军，汉军三分之二的主力被消灭。

此次战役之后，柴荣立即整顿军纪，将贪生怕死的70多个将领统统处死，并对那些骄兵悍将予以严惩。他还提出"兵不在多在于精"，将各

天下风云

地最有战斗力的士兵组成一支精锐的禁军（在后来的战争中，禁军始终是决定战争胜负的主力军）。

柴荣是一个很有抱负的君王，他希望能做30年皇帝："以十年开拓天下，十年养百姓，十年致太平。"

为实现这个理想，他选贤举能，力惩贪官，废除凌迟等酷刑，取消除正税以外的一切税收，将荒芜的田地分配给农民耕种，兴修水利，整顿钱币，同时还下令禁止地方官员欺压百姓。

税务官孟汉卿私自加派税额，被人揭发，柴荣要将他赐死。

负责查处的官员回答说："在法律上没有文件规定可以处死他。"

柴荣说道："朕最恨的就是贪官。朕今天杀了他，是做给别人看的，让官员们以后引以为戒。"

为弥补国家法律的漏洞，柴荣还命人重修法律，最终完成了《大周刑统》。

在柴荣的改革下，国内的经济逐渐走向繁荣。经过短短五年多的时间，大周国力空前强大，中原初现统一苗头。

为早日实现南北统一，柴荣相继发动了几场战争，几乎战无不胜。

不幸的是，就在柴荣打算乘胜追击辽军（即以前的契丹军队），收复幽州时，他却突然患病，不得不班师回朝。不久，一代圣主带着他的抱负和遗憾，离开了人世，享年38岁。

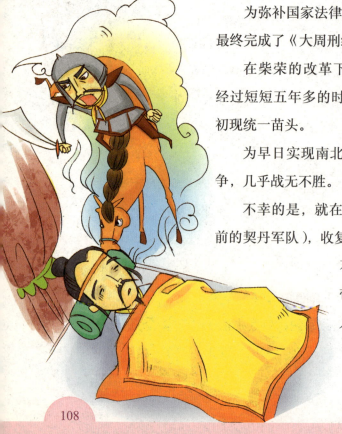

全国展开毁佛运动

公元955年,对佛教来说,这是一段黑暗的岁月。因为,周世宗柴荣下令,将对全国的佛像进行大规模的毁灭。

据调查,近年来,国家劳动力锐减,因为很多老百姓都躲进了寺庙。剃发出家者越来越多,全国寺庙极度膨胀,严重影响了国家的正常运行,因此要对全国的寺庙进行清理。

民间也有专家出来解释:由于历来规定,寺庙不用交税,国家提供土地供其建房,而出家人却没能为国家做出贡献,只是每天坐着念念经而已。同时,一些逃避军役的、家里穷得实在揭不开锅的人,甚至杀人犯等,通通加入了和尚的队伍,如今的寺庙,已经成了藏污纳垢的地方,急需清理。

不过也有人说,是因为新经济政策的实行,国家要整顿钱币,促进商业发展,急需大量的铜,因此要拿寺庙的佛像"开刀"。

有人对全国大肆毁佛举动表示担忧,担心这将招来百姓的不满及抗争,希望大周朝廷能将事态控制住。

然而柴荣下定了决心,要将这场毁佛运动进行到底。没多久,全国上下大部分寺庙和佛像都遭到了毁灭。

给老住持的回复

编辑老师：

　　您好！

　　我是城南寺庙的一名老住持，原来寺庙里香火鼎盛。可自从皇上下令毁佛之后，佛像都被拿去铸钱了，弟子们也被拉去种地了，寺庙里如今空空如也。

　　我真不知该怎么办？

老住持

老主持：

　　您好！

　　为了促进经济发展，皇上采取了一系列措施，有些佛像被拿去铸钱了。但就算没有佛像，也不妨碍大家敬佛。

　　作为一名老住持，您应该坦然面对一切。

报社编辑 

跑马圈出来的城

自从定都开封后,由于经济的复苏和商业的发展,开封的人口迅速增长,城内房屋过于密集,民宅占了官道,致使车马无法顺畅通行。再加上战火连年,流经开封的大运河已经不能通航,黄河水患不断。

为了开封的长远发展,柴荣下令,把城内的"违章"建筑全部拆除,坟墓也要迁往城外,重新安葬。

尽管这有利于城市的发展,但还是引来了人们的非议。

不过,柴荣依然坚持自己的立场。他对大臣们说:"这样的事情总得有人来做,这样做的好处,你们现在不理解,但几十年以后会看到的。"

柴荣命手下大将赵匡胤(yìn)在开封城内骑马飞奔,直到跑出50里,赵匡胤的马跑不动了,才停下来。柴荣就以赵匡胤骑马跑的范围为界限,开始扩建开封的城池。

他把原来的汴州城拓展了一倍多,分为外城、内城和皇城,城墙高大坚实,建筑井井有条,可以说为无险可守的开封城筑起了坚固的屏障。

与此同时,柴荣又让人治理运河、黄河和汴河,堵决口,修河堤,通漕运,使山东和江南各地的粮食、货物都可由水道,直达京城。

放眼天下,如今的开封可以说是全国规模最大、设施最完备、经济最繁荣的城市,是名副其实的"北方水城"。

百姓茶馆

算命大师甲：天妒英才啊！如果上天再多给皇上（指柴荣）几年时间，以他的能力、魄力、魅力，统一大业说不定就会在他手里完成啊。

王秀才：论文韬武略，放眼中国历史，皇帝中只有三个人可以受之无愧，那就是：秦始皇、汉武帝和唐太宗。这三位知名度极高。但皇上（指柴荣）在这短短5年里面，展示出来的雄才大略，比起前三位来，丝毫也不逊色。尽管他英年早逝，但谁也不会否认：他是一个大英雄！

酒楼说书乙：民间早就有传言，说点检（官名）会做天子。这不，皇上刚死，点检赵匡胤就逼小皇帝柴宗训退位，建立了大宋。

白兔娘娘李太后

说起李太后，就不得不提起她的丈夫——前朝皇帝刘知远。刘知远虽然没有做皇帝的才能，却有一位好妻子。

李太后（当时是李皇后）心地善良，刘知远做了皇帝后，想赏赐士兵，却没那么多钱，就想向百姓征税。

李皇后就劝他说："之前你声称要救百姓于苦难之中，现在老百姓还没得到好处，你却把他们的财物先拿走了，这样做不是失信于民吗？我愿意将宫中的财物拿出来赏赐，虽然不多，但士兵不会有怨言的。"

郭威入城后，对李太后以礼相待，还认她为母亲，尊她为"昭圣皇太后"。

很多人不知道的是，这位李太后和刘知远之间有过一段动人的爱情故事。

刘知远原是一位牧马人，入赘（zhuì）李家，地位低下。但妻子李三娘善良坚强，相信丈夫将来一定会出人头地。成亲没多久，刘知远给她留下一个玉兔作为信物，外出当了兵。李三娘在家生了儿子后，为了避免兄嫂的迫害，就把玉兔留给了孩子做信物，托人千里送子给军中的刘知远抚养。

16年后，一个风雪交加的冬天，李三娘在水井边发现一只带着箭伤的白兔，于是遇到了前来围猎的儿子——少年将军刘承祐，一家人终于团圆。

后来，人们一传十，十传百，就暗暗地把李太后叫作"白兔娘娘"了，听说还为她写了很多故事呢（如流传下来的元代著名的南戏《白兔记》）。

名人有约

身份：后周太师

大：大嘴记者　冯：冯道

大：冯太师您好，感谢您抽空接受此次采访，能否冒昧地问下，您老今年高寿？

冯：我今年已经70岁，是古稀之年，该进棺材啦。

大：像您老这样健硕的体魄，我看活到100岁都不成问题。

冯：呵呵！

大：梁、唐、晋、汉、周，好像这五代中每一代都有您的身影，而且您做的官还不小，是这样的吧？

冯：哈哈！我拜相20余年，侍奉过后唐、后晋、后汉、后周四朝十君。

大（无比羡慕）：处于乱世还能身居高位，现在很多人都把您当作偶像呢。

冯：官场并不是那么容易混的，稍不留神，脑袋就有可能搬家。俗话说，伴君如伴虎嘛。在朝廷上，不仅要会揣摩皇上的心思，还要懂得审时度势，观察政治动向。人嘛，总不能在同一颗树上吊死。

大（皱眉）：那不就是当墙头草吗，怪不得换主子跟换衣服似的！

冯（生气）：胡说，我的意思是为官既要洁身自好，做好分内之事，必要时还得委曲求全，假装糊涂。

大：难怪人送您外号"官场不倒翁"呢，佩服佩服！可俗话说忠臣不事二主，烈女不嫁二夫，老先生您频频换主，与传统的儒家道义相违背，好多人都在背后说您呢。

冯：吃不到葡萄反说葡萄酸，我这辈子最恨那些满口仁义道德的道貌岸然者，他们只知死记硬背儒家经典，不晓得变通。若人人都像书上写的那样"忠臣不事二主"，那改朝换代后大家都不要活了？

大：您的意思是万一后周灭亡，您仍会另谋新主？
冯：嘘，这话可不能随便乱说。不过，我还有一家老小等着养，我得为自己好好打算啊。为皇室工作30年，总是跳槽，换来换去，没一个有长期保障。有些皇帝吝啬得很，工资只够吃饭，有些皇帝就连工资都发不出来，养老保险也没着落……

大：原来如此，看来在乱世中当官，还真是一份高风险低回报的差事啊。
冯：在这里，我呼吁一下后世的为官者，官场有风险，入仕需谨慎！

大：当然，如果拥有过人的才华，出来当当官还是挺好的。我知道您有大学问，听说您还主持校订了《九经》，能具体说说《九经》是哪九经吗？
冯：《九经》包括《易》《书》《诗》《左传》《公羊传》《谷梁传》《周礼》《仪礼》《礼记》，这还是我国官方首次刻印书籍。

大：我相信后世子孙一定会记住您的……那您历经这么多王朝，有没有将真心托付给其中一个？
冯：我的心一直在老百姓身上，我无法改变战乱格局，但作为官员，我在尽量地为底层百姓谋福利。这样吧，我念首诗给你听，你回去慢慢体会："莫为危时便怆（chuàng）神，前程往往有期因。终闻海岳归明主，未省乾坤陷吉人。道德几时曾过世，舟车何处不通津？但教方寸无诸恶，狼虎丛中也立身。"

大：呃，不是很懂。
冯：没关系，不懂的地方，回去问问你的爸爸妈妈吧。

大（囧）：那好吧，谢谢您的配合，今天的采访到此结束，再见。

广告铺

广 告 铺

文身店开张

相信大家都知道，周太祖郭威的脖子上文了一只飞雀。

这只飞雀灵动小巧，非常漂亮。现在大街上时尚的青年男女们，脖子上、手臂上都有着各式各样的文身图案。

活灵活现文身店在时代的召唤下，隆重开业。本店聘有全国一流的文身大师，技术娴熟，手艺精湛，文身过程毫无痛苦。

欢迎广大青年朋友前来光顾。

活灵活现文身店

招贤纳士

前段时间，大周军队打败北汉，派兵入蜀也大获全胜，要统一中原，下一步就该下江南了。

由于大周将士多为北方人，习惯干燥气候，而江南气候潮湿，土地多江河，一些将士南下后怕无法适应，从而导致军队战斗力下降。

因此，现特向全国招纳贤士，要求十分熟悉江南地形，能给上级军官出谋划策，最好能使战争速战速决。

大周兵部

智者第 2 关

1. 石敬瑭是汉族人吗?
2. 后晋是被哪国灭掉的?
3. 石敬瑭为什么被称为"儿皇帝"?
4. 《旧唐书》之前有哪些正史?
5. 被石敬瑭认作干爹的契丹皇帝是谁?
6. 后汉的建立者是谁?
7. 后汉是怎么除掉大奸臣杜重威的?
8. 刘崇为什么建立北汉?
9. 郭威是怎样登上皇位的?
10. 后周两代著名的明君分别是谁?
11. 后汉政权存在了多长时间?
12. 后周时期,哪个国君下令灭佛,历史上还有哪些灭佛事件?
13. 后周的毁佛运动中,被毁掉的铜佛用来干什么了?
14. 是谁灭了后周?

智者无敌 王者为大

第 7 期

〖南吴：公元902年—公元937年〗

〖南唐：公元937年—公元975年〗

南吴、南唐特刊

穿越必读 ▶

自从唐朝灭亡后，梁、唐、晋、汉、周五代在北方相继登场，这时，南方也陆续出现了10个国家。由于南北之间有长江隔挡，所以南方与北方没发生什么冲突。

其中，吴国是唐末节度使杨行密建立的割据政权，是十国之一。李昪在推翻吴国后建立了南唐。他的儿子李璟和孙子李煜是中国文坛著名的词人。尤其是李煜，享有"词坛之帝"的盛誉。

吴王宣布与唐朝断绝关系
——来自广陵的加密快报

公元919年，距离唐朝灭亡已经有十几年了。

在这之前，吴王一直沿用唐朝的年号，以表明自己只承认唐朝，不承认朱温建立的梁国。

不过，天下人都看得出来，唐朝已经成为过去，不可能再回来了。实际上，吴王也已经"独立"，根本就没必要对一个灭亡的王朝"忠心耿耿"了。

公元919年，吴王杨隆演（杨行密的儿子）宣布："从今以后，吴国正式与唐朝断绝关系，不再使用唐朝的年号，建都广陵（即扬州），称江都府。"

来自广陵的加密快报！

杨行密背后的故事

说起吴国和南唐,不得不提起杨行密。

杨行密出生在庐州,从小家里就穷,没少吃苦,但他人穷志不穷,希望自己将来能有所作为。然而不管在盛世,还是在乱世,要想出人头地,都得有一技之长。

杨行密身上有两种本事:一是他的力气特别大,能扛起百斤重的大石;二是他擅长竞走,一天能走300里路。

杨行密20多岁的时候,因为刚入社会,经验不足,沦落到要靠偷东西过日子的地步。

有一次,他偷东西时不小心被官府抓住,送到刺史大人那里定罪。刺史大人一看,这家伙身体壮得跟牛似的,做贼真是可惜了,于是把他放了,劝他去参军。

杨行密也觉得靠偷窃为生始终不是办法,于是真的就报名参了军,投在庐州刺史的军中。由于他有上面讲的两种本事,慢慢地,他在军队中混出了点儿名气,逐渐被提升为庐州牙将。

过了几年,上级要调派杨行密去朔方,杨行密舍不得家乡,心里不满,干脆把监军的头给砍了。仗着先前积累的名气,杨行密手臂一挥:"有哪些弟兄愿意跟我单干?"马上杨行密周围就聚集了许多人。

淮南节度使高骈(pián)听说杨行密有点儿本事,想收为己用,于是多次上书朝廷,夸奖杨行密这好那也好,简直是个不可多得的完美人才。

朝廷为给高骈面子，封了个庐州刺史给杨行密，从此杨行密跟着高骈，吃香的喝辣的，小日子过得还算滋润。

后来，高骈看唐朝被黄巢弄得四分五裂，眼看就要灭亡了，便想学别人自立门户，割据称王，于是正式跟唐僖宗翻脸。

然而世事难料，没过几年黄巢死了，唐朝政府却还没有垮台。所以，等到朝廷论功行赏时，几乎所有的节度使都有份，唯独高骈什么也没捞到。

从此，高骈心灰意冷，一心只想修道成仙。他的部将毕师铎见他不务正业，就带兵攻入了扬州，还将高骈一家软禁起来。

有人趁机给杨行密出主意："如今天下大乱，正是占地称王的好时机。高骈已经失势，毕师铎也是草包一个，无法成就大事，现在扬州无主，主公切莫错失良机。"

杨行密觉得说得有理，马上调集精兵从庐州杀向扬州。

经过一场场激烈的战斗，杨行密赶走了毕师铎，占领了扬州。

可这时，又出了个叫孙儒的人要来抢地盘。

咱们辛辛苦苦打回来的天下，怎么能拱手让人呢？杨行密指挥将士们奋起反抗！

可这仗不打不要紧，一打就是5年。最后，在宣州城外的生死对决中，孙儒被杀，杨行密威名传遍天下。

杨行密夺下了淮南诸州，版图相当于三国时的孙权政权，即便是朱温，也要忌惮他三分。

公元902年，唐僖宗为拉拢杨行密，下诏封他为吴王。从此，杨行密成为一方霸主。

小和尚当上了真龙天子

杨行密死后,接下来几个吴王都不成大器,朝中大权落到了大臣徐温的手中。

徐温除了有6个亲生儿子外,还有个无论智慧、能力、远见都异常出众的养子徐知诰。

徐知诰很小就失去了双亲,在一个寺庙里当和尚。

有一次,杨行密到寺庙里住宿,见他相貌不凡、聪明机警,便把他推荐给徐温当义子。

徐知诰于是视徐温为亲生父亲,时常陪伴在他左右。

徐温十分感动,经常当着自己亲生儿子的面说:"你们虽是我亲生的,却没有知诰一半孝顺。"

杨行密活着时常称赞:"徐知诰是人中俊杰,前途不可限量。"这些话都让徐温的儿子们对徐知诰极为不满。

徐知诰25岁时,当上了刺史。他治军严明,又体恤将士,同时又求才若渴,礼贤下士,一时间,四面八方的人才争相前来投奔。

公元927年,杨溥当上皇帝没几个月,徐温就因病去世了。徐温的儿子徐知询一接过棒,就想除掉徐知诰。

可徐知询没多大本事,对亲兄弟也刻薄,因此没人愿意跟他站一边。

如此一来,徐知询根本不是徐知诰的对手,只得眼睁睁地看着政权落入徐知诰的手中。

没多久,大家觉得傀儡把戏玩久了,也没啥意思了,就集体上书要求

徐知诰称帝。

徐知诰哭着说:"现在皇上还在,我怎么能做这种大逆不道的事情啊!"

臣子们只好再次上书,说徐知诰当皇帝是天命所归,先祖不会怪罪的。

这样一推一让,一年多之后,也就是公元937年,徐知诰才夺了杨溥的皇位,国号大齐,定都金陵。

第二年徐知浩改名为李昇,改国号为唐(史称南唐),表示自己是大唐江山的继承人,做这个皇帝是名正言顺的。

他登基后,制定了一个最基本的国策,那就是保境安民,对外尽量友好,不动兵马。

曾经有一次,江淮地区连年丰收,北方却是一片混乱。大臣们都要求他乘机北伐,恢复唐朝疆土。他却说:"我从小在军旅中长大,看到百姓们饱受战争之苦,能够让百姓们安居乐业,是我最大的心愿,其他的我就不求什么了。"

事实证明,这正是他的英明之处。南唐虽然当时在他的治理下,一片繁荣,但还不具备争霸的实力。如果打起仗来,说不定连这点儿繁荣都要葬送呢!

百姓茶馆

商人老赵

是呀，400年前，南朝的宋、齐、梁、陈均建都金陵，使金陵享有"南朝四百八十寺，多少楼台烟雨中"的赞誉。而自从陈灭亡后，金陵就被历史遗忘了。

如今，金陵通过南唐，再次回归人们的视野。我相信，在新皇帝的治理下，金陵将第二次焕发光芒。

我是金陵本地人，祖孙几代都在这里生活。南唐选择在金陵建都，我感到十分高兴和激动。

金陵老人

农民甲

这些年，我们广陵发展得很不错。自从杨行密到我们广陵之后，我们老百姓的日子就好过多了。以前，我们家年年税后都分不到多少粮食，碰到天灾就只得全家饿肚子。他来了之后我就分到三亩地，再也不怕吃不上饭了。州府官员还承诺，要是遇到收成不好，国家另有补贴。

不过，现在的天下是李家的了，都城也换成了金陵，不知道广陵未来的命运会怎样啊！

南唐险遭灭亡

李昇虽然创建了繁荣的南唐王国,他的子孙们却一个比一个不争气。他的儿子李璟秀美有余,魄力不足,成天陶醉在诗词之中。尽管如此,此时的南唐仍然是当时十国中最强大、最富饶的。

公元956年,正在宫中饮酒作乐的李璟突然接到急报:大周皇帝柴荣亲率水陆大军南下,声势浩大,喊杀声震天,看样子想吞并南唐。

李璟赶紧派刘彦贞率3万大军阻挡,结果吃了败仗,刘彦贞不幸战死。

柴荣领兵继续南下,南唐守将抵挡不住,城池接连失守。

李璟一看扛不住了,想跟柴荣讲和,表示愿意认柴荣为哥哥,只希望两军就此停战。可是柴荣不同意,自己带着大军辛辛苦苦打到江南,哪有叫声哥哥就打发回去的道理。柴荣命令将士们继续攻打。

李璟看求和不行,也

你说我是求和还是当逃兵呢?

皇上,我要回家!

只好硬着头皮,让弟弟李景达、陈觉率领5万南唐精锐前去迎战。不幸的是,路过紫金山时,中了大周军队的埋伏,被重重包围。

经过这场战争,南唐的主力基本被歼灭。

打败仗的消息接连传到朝廷,李璟在皇宫里更是坐不住了。现在后周军就驻扎在长江对岸,打到自己鼻子底下来了。

不过,后周在打到长江边上时,却突然停下了。

原来,柴荣暂时还没有过河的打算。自古以来,要想统一天下,必先得四川,然后顺江而下,对南方实行包围战略。

于是,柴荣掉转兵马,在南唐险些被灭的节骨眼上,挥兵征讨后蜀去了。

李璟被柴荣这么一打一吓,再没能力与后周抗衡了。

公元958年,李璟写信向柴荣求和,表示南唐愿向后周称臣,并且割让淮南十四州,年年进贡百万。

李煜到底是词人，还是皇帝？

公元961年，李璟去世，把南唐河山留给了儿子李从嘉。李从嘉即位后，改名为"李煜"，字重光。"煜"是光明照耀的意思。看得出来，唐后主李煜一开始想重振南唐雄风，恢复大好河山的。

可惜的是，做个好皇帝不是光有想法就够的，事实上他对政治、军事没有一点儿兴趣，整天只知道风花雪月，吟诗填词。

见皇帝将一腔热情全都倾注在文学上，大臣们个个担忧不已：长江对岸的后周越来越强盛，南唐却越来越衰弱。再这么下去，后周非灭了南唐不可。

臣子们天天跑到李煜面前，苦口婆心地劝说：

"皇上，您的责任是治国，不是作词啊！"

"皇上，后周就快打进来了啊！"

可是，李煜一概充耳不闻。

最后，一个叫潘佑的著名才子急了，上了一本奏折，在里面破口大骂："三军可夺帅也，匹夫不可夺志也！你这个亡国的昏君，比夏桀（jié）和商纣（zhòu）都不如，我懒得侍奉你了！"

李煜看了气得直跳脚，立马叫人去抓潘佑。潘佑知道自己惹火了皇帝，肯定没好果子吃，就自杀了。

眼见这个词人皇帝对外屈膝，对内享受，从此以后，大臣们对他彻底绝望了。

词人皇帝亡了国

公元971年，北宋皇帝赵匡胤灭了南汉后，就把目标定向了南唐。不过，由于南唐有长江当天堑（qiàn），赵匡胤也不敢轻易出兵，只能隔着江，眼巴巴地望着。

几年后，南唐有个叫樊（fán）若水的书生捧着一副《长江沿岸水势图》，前来求见赵匡胤。赵匡胤大喜，这真是天上掉馅饼的好事啊。有了这幅图，宋兵就可以顺利地渡过长江，攻打南唐了。

可是，这樊若水为什么要领着宋兵打自己国家呢？原来，樊若水本来是想效忠南唐的，可他考了几次功名，都没考上，一气之下，就决定叛国！只要想个办法帮赵匡胤把南唐灭了，自己到时候一样能得到北宋皇帝的重用。

于是，他弄来艘小船，天天在长江上划来划去，弄清了长江沿岸的水势，画成地图献给了赵匡胤。

有了这张图，赵匡胤非常兴奋，于是决定马上出兵南唐。他决定先礼后兵，先派人去跟李煜说他想见见这位传说中的词人皇帝。李煜当然清楚这个是鸿门宴，去了就回不来了，于是推托有病，以后再去。

赵匡胤立即以他"不服从君令"为由，派大军渡过长江，挥师南进。而这时，李煜还在盼望出点儿钱就能买平安，让人带着白银20万两，锦罗绸缎20万匹前去求和。

还没等到好消息，李煜就接到宋军已经攻到城下的消息。公元975年，宋军入金陵，俘唐后主李煜，南唐亡。

给超级玉米的回复

编辑老师：

　　你们好！

　　我是李煜的超级粉丝，所有他写的词我都能背诵，像《清平乐》《乌夜啼》《阮郎归》我张口就能背出来。

　　最近一段时间，我满脑子都是他的词句，扰得我心神不宁。吃也吃不好，睡也睡不着。有时候勉强睡着了，做梦时嘴里念的都是他的词。他的词是那么有感染力，就好像写进了我的心坎里。我真希望今生能见他一面，那样，就算死也值得。

超级玉米

超级玉米：

　　您好！

　　李煜的词确实填得非常好，在全国，甚至整个天下，都可以说是数一数二的，值得人们崇拜。

　　不过，如果像您这样茶饭不思，最终只会把自己的身体弄垮。再说，最近宋朝有消息传来，李煜已经不幸中毒身亡。恐怕您这辈子也见不到他了，还请节哀顺变。

　　我们建议您可以试着转移一下注意力，比如，多做一些您以前喜欢做的事情，多跟朋友聊天，慢慢地，您就会淡忘了。希望您早日走出这种痴迷，融入新生活。

报社编辑

东边日出西边雨，城郊下雨城内旱

李昪在位前期，民间苛捐杂税众多，什么都要交税，百姓深受其苦，但却敢怒不敢言。最后，他们只好无奈地给李昪起个外号叫"万万税"。

有一年，南唐地区干旱，田地龟裂，颗粒无收。老百姓实在没办法活下去，只得前往龙王庙求神拜佛，希望龙王爷发发慈悲，下几场大雨，解救受苦受难的百姓。

可是，龙王爷吃饱喝足却不管事，这天气还是酷日当空，热浪滚滚。老百姓见求神不行，几乎快绝望了。

又过了些日子，一天，李昪正在皇宫花园里开宴会，桌上摆着的全是些佳酿美酒、山珍海味，下边是漂亮妃子翩翩起舞。李昪边吃边看，心情是相当愉快。

就在这时，远处突然传来隆隆雷声，黑压压的乌云集聚在城郊上空。不一会，太监喜滋滋地过来禀报："城郊下了大雨，百姓正在雨中集体欢呼。"

李昪听后龙颜大悦，可过了一会儿却又纳闷起来，他转身问身边的大臣："怎么城郊下雨了，城内却不下？"

教坊长申渐高笑着回道："这雨是害怕进了京城被皇上抽税，不敢进来！"

李昪听出了弦外之音，丢下正在吃的美食，羞愧满面。李昪当即下令，免去一切不合理的额外税收，减轻百姓的负担。

周围人听了，无不称赞皇上英明。南唐社会经济一下得到很大发展，一跃成为十国中的强者。

名人有约

身份：唐后主、大宋阶下囚

大：大嘴记者　　李：李煜

大：久闻阁下大名，今日一见，果然是"腹有诗书气自华"。
李：不敢不敢，不过是认得几个字而已。

大：请问您在大宋的日子过得好吗？赵匡胤有没有叫人虐待您？
李：既是亡国之君，又何谈安乐，赵匡胤将我软禁在这里，剥夺了我的自由，我每天看到的都是些凄凉破败的景色，精神上的折磨简直比杀了我还难受。

大：从一国之君变成阶下囚，您有何感触？
李（眼瞧着远处，开始作词）：无言独上西楼，月如钩。寂寞梧桐深院锁清秋。剪不断，理还乱，是离愁，别是一番滋味在心头。我每天以酒度日，将一腔愁苦寄情词上，唯有词能带给我活下去的勇气。

大（佩服）：果然作词一流，50个字不到，就把内心愁苦表达得淋漓尽致。
李：人生愁恨何能免，销魂独我情何限！故国梦重归，觉来双泪垂。高楼谁与上？长记秋晴望。往事已成空，还如一梦中。

大：词人不愧为词人，无论怎样都可以用词来表达。
李：林花谢了春红，太匆匆。无奈朝来寒雨，晚来风。胭脂泪，相留醉，几时重？自是人生长恨，水长东。

名人有约

大：……咱们先不要作词了，好吗？还是进行采访吧。请问，万一有机会出去，您有没有想过重振南唐？

李：人生原本一场空，荣华富贵亦是过眼烟云，转瞬即逝，争来争去最终还得放下。何况我身为阶下囚，任人宰割，哪还敢图东山再起。

大：听说您是先皇的第六子，排名比较靠后，那皇位又怎么传给您了呢？

李：命运啊，冥冥之中一切早有安排。我本不愿意做这个皇帝，可我前几个哥哥全都死了，我爸非得让我接班，结果弄得个国破家亡的惨剧。

大：一个国家灭亡是有很多因素的，您不能把所有罪都往自己身上揽。

李（忧伤）：南唐毕竟是在我手中亡国的，你叫我怎么向九泉之下的祖宗交代。

大（觉得亡国话题太过沉重，想宽慰一下李煜）：现在，民间有很多人盼着您出去，尤其是您的女粉丝。

李：出去还能干啥，国已不再，家亦难建。我不能再为她们带来什么，就让我在此终老一生吧。

大：您别这么悲观，说不定哪天北宋皇帝一高兴就把您放了。

李（眼神忧郁）：唉！春花秋月何时了？往事知多少。小楼昨夜又东风，故国不堪回首月明中。雕栏玉砌应犹在，只是朱颜改。问君能有几多愁，恰似一江春水向东流。

大（几乎被这首词感动得流泪）：可怜一位才子，却错生在帝王家，只能怪命运无常啊！

李：要是下辈子能有选择，我宁愿做个落魄书生，自由自在地填词……

（没多久，李煜词中的"故国不堪回首月明中""问君能有几多愁，恰似一江春水向东流"传到了宋太宗赵光义耳中。赵光义一听火了："你这摆明了还念着你的南唐啊！"于是，赵光义派人给他送去一杯毒酒，将他毒死了。）

广告铺

庐山国学招生

奉南唐朝廷之命，位于庐山白鹿洞的庐山国学（白鹿洞书院前身）已修建完成，正式开学，现特向全社会招生。

本书院依山而建，是隐居读书的绝佳去处。我们有最顶尖的学术大师讲学。只要你想求取真知，那就赶紧报名吧。同时，也欢迎非正式学员前来免费听课。

庐山国学

《李煜全词集》出售

本店近期推出一套《李煜全词集》，里面收录了李煜全部的词，甚至包括他在皇宫内随口吟诵的句子，绝对具有收藏价值。

普通百姓买一本，聊天时顺口说上两句，能马上提升你在别人眼中的形象；文化工作者也可以买一本，回去仔细研究，提高自己的文学素养。

诗歌在唐朝时期已经达到鼎盛，说不定在不久之后，词也能迎来巅峰。

希望书社

"春花杯"诗词朗诵比赛即将开始

本茶楼将于近期举办一次咏词比赛，以李煜的词为主，也可自主选择词曲。本次大赛将邀请很多知名文人到场，让喜欢写词的朋友互相交流，这也是举办此次赛事的最终目的。

在此次比赛中获胜的朋友，不仅可以在本茶楼免费饮茶三日，还可得到《李煜全词集》一本，欢迎踊跃报名。

新月茶楼

第 8 期

〖前蜀：公元907年—公元925年〗
〖后蜀：公元934年—公元965年〗

前蜀、后蜀特刊

穿越必读

　　后梁建立之初，蜀王王建于公元907年趁机称帝，建立前蜀。他的儿子王衍继位后，政治腐败。公元925年，后唐李存勖发兵攻蜀，王衍投降，前蜀灭亡。

　　后唐得蜀地后，封孟知祥为西川节度使。公元934年，孟知祥称帝，建立后蜀。在他和他的儿子孟昶统治期间，境内很少发生战争，经济继续发展。直到公元965年，后蜀被北宋灭亡。

烽火快报

前蜀皇帝惨遭灭族
——来自长安的加密快报

来自长安的加密快报！

公元926年,长安秦川驿里传来一阵哭天喊地的哀号声,又一桩惨无人道的灭族悲剧发生了,王衍(即前蜀皇帝)一族被全部屠杀。

下令屠杀的是后唐皇帝李存勖,之前有官员站出来求情,说灭族太过残忍,应该取消这项法令。即便要杀,杀掉王衍一人就行了,没必要株连全族。

不过,老百姓却一点儿都不同情王衍。有人说,王衍的父亲王建在夺取四川后,也曾灭掉刘知俊一族。所谓"祸不及己,必及子孙",现在王衍也落得这种下场,完全是报应了。

现在,百姓似乎已经习惯了这样的悲剧,生在乱世,这样的命运随处可见。

西川王步步为营

和这个时代许多皇帝一样,前蜀皇帝王建的身世并不耀眼。

王建生于河南乡下,从小就不怎么讨人喜欢,长大后也没有正式工作,就干起了偷鸡摸狗的勾当,还暗地贩卖私盐。乡里人看到他,一个个都躲得远远的。

后来,王建就报名当兵去了。

虽说王建的过去不光彩,也没读过书,但他胆子大,冲锋陷阵总是在前面,因此很快就当上军队小头目——队将。

在讨伐黄巢的战役中,王建渐渐在军中积累了人气及实力。

后来,他跑到四川去投奔唐僖宗李儇(xuān)。唐僖宗非常高兴,就让他做了贴身侍卫。黄巢兵败后,唐僖宗一行便急忙往长安赶去。

他们日夜不停地赶路,有一天来到一片荒郊野岭。这里前不着村后不着店,眼看天就快黑了,当晚只能露营山头。

唐僖宗因为太困,倒头就睡在王建大腿上,等第二天醒来发现王建竟一夜未眠。

我要挺住,挺住!

绝密档案

唐僖宗感动得哭了："爱卿真是忠臣啊！"后来又让王建做了利州刺史。

可利州实在太小，油水也不多。王建想干一番惊天动地的事业，因此，他把目光投向两川地区，那里不仅土地肥沃，而且易守难攻。王建就在利州筹集兵马，养精蓄锐，等待时机开战。

王建要抢夺别人的地盘，可别人也不是傻子，好好的地盘不会平白送给他。战争年代，谁拳头硬谁就有话语权。就这样，两川是年年征战，你方唱罢我登场，无休无止。

直到公元891年，王建攻破成都城门，陈敬瑄投降，王建控制西川绝大部分土地，成了名副其实的"西川王"。

唐昭宗见了，干脆送个顺水人情，封王建为剑南西川节度使。可王建仍不甘心，他觉得西川还是不够大，要把东川也给拿过来。于是，战争又开始了。

打仗打到60岁，终于当上皇帝了。

这一仗打了16年才结束，其间百姓所受的苦，只有他们自己知道。

公元907年，王建在成都称帝，国号蜀（史称前蜀），此时的他已有60岁高龄。

赵李相争，谁得利？

编辑老师：

你们好！

我是孟知祥手下大将赵延隐，跟随主公征战十几年，对他是万分忠诚。主公消灭董璋，一统两川，我功劳最大。本来，在夺取东川后，由于那里地理位置重要，主公有意要我留守，可另一个将军李仁罕却不服。他自恃有军功，当众辱骂我，弄得我下不了台。

后来，主公见我们为了一个东川，闹得水火不容，干脆两边都不偏袒，自己来代理东川军政。如果不是李仁罕跟我争，东川肯定就交给我来管理了。我实在咽不下这口气，恨不得跟李仁罕来场决斗。你们能给我一些建议吗？

赵延隐

赵将军：

您好！

久闻赵将军大名，今日收到您的书信，深感荣幸。

我们相信，不管是赵将军您，还是李将军，对你们的主公都是绝对的忠诚，在你们主公心中，谁留守东川他都放心。可是，你们现在却为了权力翻脸，损失最大的是你们的主公啊！

廉颇和蔺相如的故事你们听过吧，之前廉颇对蔺相如也是不服气，但是后来，廉颇明白了，如果他和蔺相如不和，那么秦国就会趁机攻打他们赵国。所以，俩人冰释前嫌，成了知心朋友。希望你们能够向他们学习，和睦相处，一起为你们的主公出力。

报社编辑

董璋反间不成，孟知祥独霸两川

李存勖灭掉前蜀后，派自己的姐夫孟知祥去做西川节度使。可还没等孟知祥入川，李存勖就被杀了。

孟知祥心想：反正中原已经乱作一团，不如自己占川为王。

但这时，东川已经有个土霸王董璋，要想一人独占东西两川，一场大战肯定逃不掉。

孟知祥这边正在对付董璋的一帮精锐兵，那边却又收到董璋的一封信，信中说："你的大将们已经暗中向我投降，你就等着受死吧！"

孟知祥一看信上的名字，都是跟自己出生入死的兄弟，怎么可能呢？把信一扔，赶忙召集大臣商量对策。

号称小诸葛的赵季良说："董璋只是个匹夫，整天打打杀杀，难以服众。现在他带着全部家当前来送死，主公应该果断出击，趁机取他首级。"

孟知祥也觉得董璋不懂打仗，于是让西川军全力拼杀，把东川军杀得纷纷丢盔弃甲，转身逃命。

打败董璋后，孟知祥独霸两川。在孟知祥的精心治理下，两川呈现出一派升平和乐的景象。

爱美人丢了江山

孟知祥只做了7个月的皇帝就突然发病死了，把后蜀的江山留给了儿子孟昶。

孟昶是一个崇尚享乐的人。每年他都要在两川选一批美女，以充实后宫，也不管人家的女儿愿不愿意，只要是没有结婚的、稍微有点儿姿色的，全都要往宫里送。百姓怕了这个好色皇帝，纷纷想办法将女儿嫁了出去。

公元965年，孟昶正在宫里和美女们寻欢作乐，北宋的军队轰隆隆地打了进来，孟昶和他的美人们全都被俘，后蜀灭亡。

据说士兵们在收拾孟昶的东西时，发现一个精美的尿壶，便献给了赵匡胤。

赵匡胤见孟昶的尿壶也这样精致，不由叹道："连尿壶都这么精美，拿什么东西来储存粮食呢？奢华到了如此地步，怎么能不亡国？"

说完，命令侍卫将它打得粉碎。

天下的美人都是朕的！

百姓茶馆

街边小贩： 前蜀皇帝王衍荒淫无道，他的母亲徐太后不但不知道劝劝儿子，还在宫里进行买卖官爵的勾当。不论身份，不论背景，谁出的价钱高，就把官位卖给谁。朝廷这样腐败，难怪后唐军这么容易就攻了进去，唉！

成都市民张先生： 孟昶当初动员全成都市民，在市区内种芙蓉，我们还觉得他一个大男人爱玩这些花花草草，实在不雅，没想到现在每到九月，芙蓉花开，全城上下一片锦绣，让人心情舒适畅快。不如我们以后称成都为"蓉城"吧！

好再来酒店老板： 最近市面上出现了一本名叫《花间集》的书，它收集了温庭筠（yún）、韦庄等18位花间派词人的作品，共500首。《花间集》的问世导致一时间"洛阳纸贵"，最近成都的纸张是供不应求。我本来是做酒店生意的，不过，我最近考虑着要不要顺便做做纸张生意。

名人有约

身份：后蜀皇帝孟昶的妃子

大：大嘴记者　**花**：花蕊夫人

大：世人都以花来比喻美人，而夫人却被喻成花蕊，可见您是美人中的美人啊。

花（淡淡一笑）：你见过的美女千千万，我这种算不了什么吧？花是容易凋零之物，纵然有花的美貌又如何呢？

大：夫人不要伤心。请问您是什么时候进宫的？

花：具体的入宫时间我忘了……不过，我很喜欢蜀宫，喜欢宫里的人，也喜欢宫里的牡丹花和红栀子花。

大：我想起来了，宫里好像有个牡丹苑，就是专门为您建造的。

花：皇上自己也很爱花，他曾下令让老百姓大量地种植牡丹，还说，人都说洛阳牡丹甲天下，我要让成都牡丹甲洛阳。

大：我们都知道孟昶是个花心鬼，但自从您入宫后，他就像变了个人，请问您是如何集万千宠爱于一身的呢？

花：我也不知道皇上喜欢我什么，但我知道，要想获得皇上的喜爱，光凭美貌是不够的。

大：那倒是，皇上见过的美女比我还多，难道您有什么魔法不成？

花：我只是一个凡人，哪来的魔法，你一定要知道其中的缘由，我想一来是因为我的容貌，二来就是喜欢我的才华吧。

大：听说您会作词？

花：写过 90 多首《宫词》，宫中无聊，写着解闷的。

大（**两眼放光**）：原来还是个才女，我一直以为只是个花瓶呢。

花：花瓶是什么意思？

大：呃……就是外表很美……

花：但是没有内涵，对吧？

大：嘿嘿，夫人果然是冰雪聪明，难怪孟昶这么喜欢您。但您为什么不好好劝劝孟昶，让他好好治国呢？听说皇上生活十分奢侈，就连你们的宫殿也是水晶做的，每天晚上都亮得跟白天似的。

花：唉，这个我也曾劝过他，现在到处都很乱，应该励精图治才对。但他说蜀地山川险阻，别人很难打进来，叫我别担心，他是一国之君，我也不好多说什么，就随他了。

大：可是现在蜀国灭亡了，很多人都在骂您啊！

花（**顿时柳眉倒竖**）：骂我？君王城上竖降旗，妾在深宫那得知？十四万人齐解甲，更无一个是男儿！

大：好诗啊好诗！可惜现在后蜀灭亡了，孟昶也过世了，请问接下来，赵匡胤打算怎么对付您？

花：对付我？他没有对付我，他对我很好。

大：如果真是这样的话，夫人可要当心了。北宋的人肯定不会放过您了。

花（**花容失色**）：啊？那该怎么办？

大：我们也救不了您，只能靠您自己当心了。

（没多久，晋王赵光义跟随赵匡胤打猎的时候，趁机一箭将花蕊夫人射死了。）

广告铺

悬赏公告

前天在吃晚饭时，我突然想起一句词：劝君今夜须沉醉，尊前莫话明朝事。我知道这出自韦庄的词作，可却记不起下面的词句，更不知道出自韦庄的哪首词。

这个问题困扰了我整整一天，就如同鱼刺卡在喉咙里般难受。现在，本人悬赏一文钱，求知道答案的人告诉我下句，以解我心头之苦。

一名诗词爱好者

关于《花间集》的版权问题

近日，市面上出现了一本叫《花间集》的书，它收录了晚唐至后蜀18位花间派词人的作品，共500首，受到了人们的好评。

可是如今，从北城门到南城门，至少可以买到5种版本的《花间集》，可见盗版现象十分严重。

在此，《花间集》作者不得不发出以下声明：《花间集》的版权归赵崇祚（zuò）所有，未经同意，民间不得私自印刷、买卖，一旦发现侵犯版权者，立即报官，法律严惩。

赵崇祚

第 9 期

〖公元 907 年—公元 978 年〗

吴越国特刊

公元 887 年，唐朝封钱镠为杭州刺史，从此钱镠独据一方。公元 907 年，后梁封他为吴越王。因为吴越比相邻的南唐等国家弱小，所以总是向中原王朝称臣、纳贡，以寻求保护。公元 975 年南唐灭亡后，唇亡齿寒，三年后，吴越也被灭了国。在十国中，吴越算是比较安定的地区。

穿越必读

烽火快报

钱镠被封吴越王
——来自杭州的加密快报

公元907年，朱温继位后不久，钱镠首先派人前往汴州城祝贺，并表示愿意称臣。

朱温听后十分高兴，马上封钱镠为吴越王，吴越国正式成立。

消息传到杭州，人们载歌载舞，以示庆祝。

其实，早在公元893年，钱镠就担任了镇海军节度使，掌管杭州一带，本身就跟皇帝差不多，现在只不过多了个封号。

对于钱镠向朱温称臣，民间议论纷纷。

有人说，朱温背弃唐朝建立后梁，这种背信弃义的小人，不值得向他称臣；也有人针锋相对，说当年李渊也是起兵反隋建唐，难道就算仁义吗？

不管怎样，钱镠在一片争吵声中登上了皇位，他表示会把吴越国治理得国富民强，把以杭州为中心的江南，打造成人间天堂。

来自杭州的加密快报！

儿子当了王，老子不买账

从一个平民，到一方霸主，钱镠一生走来并不顺利。

钱镠刚一出生，外面就传来战马嘶嘶声。父亲认为不吉利，想将他丢进井里淹死。在外婆的极力劝阻下，才保住一条小命。

长大后，钱镠做起了贩卖私盐的营生，稍大一点儿，就去当了兵。由于武艺高强，受到上级重用。

在平定黄巢的战役中，钱镠凭借自己的聪明才智，使杭州免遭战火，得到朝廷的赏识。

唐昭宗登基后，就任命钱镠为杭州防御使。钱镠一边用武力拓展地盘，另一边不断地招揽人才。慢慢地，不少人才都聚集到他的麾下。

这些人中，有一个人叫成及，是钱镠的主将，经常为钱镠出谋划策。钱镠为了让他一心为自己效力，就和他做了亲家。

公元893年，钱镠又升了一次官，成了镇海军节度使。公元895年，他奉朝廷的命令，去讨伐在越州称帝的董昌。

由于他和董昌是老相识，所以一开始他劝对方不要有逆反之心，却被一口拒绝。

于是，钱镠使了"离间计"，故意离间董昌和部下之间的情义。董昌不知是计，果然上当，没多久就被击败。董昌被消灭后，唐任钱镠为镇海东西军节度使。公元907年，梁太祖朱温封钱镠为吴越王，继续控制两浙之地。

天下风云

有了钱，有了地位，钱镠就像暴发户一样，住的是豪华宫殿，坐的是良驹宝马，还要士兵一路护送，场面相当威风。

可钱镠的父亲每次听说儿子要回故乡临安，就有意避开。

钱镠十分郁闷，于是问父亲："老爹，我封官加爵是给家族长了脸面，你怎么每次看到我就跑呢？"

老人家回答道："我们家世代都以种庄稼为生，如今你富贵了，我自然高兴。只是你的周围都是些争权夺位、虎视眈眈的人，我怕有一天钱家会因你遭受灾难。"

钱镠觉得父亲的话很对，自己锋芒太露，迟早引来祸患，于是开始小心翼翼、稳扎稳打地治理以杭州为中心的小地盘。

相比于北方的战乱饥荒，在他的治理下，吴越老百姓普遍过的是米饭加鸡蛋的小康生活。就像他曾经许诺过的一样，杭州果然成了人间天堂。

百姓茶馆

前段时间，因为生意需要，我到苏州进行实地考察，第一天就被苏州园林给吸引住了，亭台楼阁，荷花池塘，回廊、拱桥，修身养性再合适不过。再加上杭州的西湖美景，我想即便是天堂也不过如此，真是上有天堂，下有苏杭啊！

——某木材生意老板

为防止海水往内陆灌，钱镠派了大量民工，修筑钱塘江的石堤以及沿江的水闸。前段时间，他又叫人凿碎平江里的大礁石，以方便船只往来。他在水利方面做了这么多好事，以后，我们就叫他"海龙王"吧。

——钱塘江附近的百姓

我是个虔诚的佛教徒，去过不少名山大川，看过无数寺庙。我来到吴越的时候，发现这里也是寺庙鼎盛。比如临安的功臣塔，杭州的灵隐寺、六和塔、雷峰塔、保俶塔，余杭大涤山的天柱观等。尤其以灵隐寺的弥陀石佛、摩崖石刻最为壮观。

——某佛教徒

钱王偏心，兄弟相争

钱镠当上杭州刺史后，手下趁他衣锦还乡时，起了异心，在杭州城发动叛乱。钱镠马上率兵平叛，叛军打不过就跑去向杨行密求援。

眼看要把杨行密也给卷进来了，钱镠暗暗叫苦。要知道，杨行密一直是狼子野心，这次他要是掺和进来，一定会趁机抢走大片吴越土地。

没办法，钱镠只好把儿子钱元瓘送去当人质，保证跟南吴和平相处，永不发生战争。

后来，钱元瓘被放了回来，钱镠一来愧疚，二来这个儿子也的确出类拔萃，于是对他是疼爱有加。

一天，钱镠把所有儿子叫过来，说："我打算选一位继承者，你们各自说说自己的功劳，功劳最大的就当吴越王。"

站在一旁的儿子都知道，钱镠有心偏着钱元瓘，于是也懂得分寸，纷纷说钱元瓘功劳最大，最适合继承吴越国王位。

钱镠听了儿子们的话，会心一笑："这可是你们自己挑选的，到时兄弟间可不准扯皮，

终于可以闭眼了。

更不能因嫉妒互相残杀。"

看接班问题解决了,不久,钱镠也就放心去了。

可钱元瓘当上吴越王后,马上就有两个兄弟不服气。他们分别是钱元球和钱元珦(xiàng)。尤其是钱元球,他性情狂傲,认为钱元瓘没什么大本事,仗着父亲偏爱才当上吴越王。于是,他私下招募了一批军队,和钱元珦约好,找个机会就造反。

可是,俩人的保密工作没有做好,钱元瓘得到情报后,公元937年,以商讨军机大事为由,召钱元球、钱元珦来杭州。

钱元球不知道钱元瓘的计策,袖子里藏了一把刀子,一路兴冲冲地奔来,准备趁机除掉钱元瓘。

刚在宴会上喝了几杯,钱元瓘突然大喝一声:"左右何在?"藏在屋外的武士就瞬间冲了出来,杀了钱元球、钱元珦。

就在钱元瓘打算大开杀戒,杀光二人身边的亲信及家仆的时候,侄子钱仁俊急忙劝说:"皇上,千万不要这样做,不然会引起国家动乱啊。"钱元瓘认为有理,就收手了。

好在这件事并没有波及民间,百姓依然过着安乐的生活。

唇亡齿寒，吴越亡国

公元 947 年，吴越国的王位传到了第五代接班人——钱俶的手中。钱俶继承祖宗的遗愿，一直勤勤恳恳地治理国家。几十年后，北宋崛起，赵匡胤带着宋兵东征西讨，要统一中原。钱俶为求自保，就乖乖地听赵匡胤的话，赵匡胤让他打谁，他就打谁。

公元 974 年，赵匡胤要讨伐南唐。南唐皇帝李煜赶紧向钱俶求救："唇亡齿寒，我们南唐要是灭亡了，你们吴越离灭亡也就不远了。"

钱俶不仅不理他，还帮着北宋打南唐。公元 975 年，南唐灭亡了。三年后，果然应了李煜的话，唇亡齿寒，吴越国也跟着亡了国。

西湖差点儿被填埋

公元907年的时候,吴越王钱镠曾经下令扩建杭州城,他发誓要将杭州打造成数一数二的世界大都市。

命令下达后,各方谋士纷纷献策。其中有一个人建议说,如果只在杭州城旧址上扩建,国运不超过百年;但如果把西湖填上,在上面修盖房子,吴越国将存活得更久。

听了这个建议后,钱镠一脸的不高兴,当众回道:"自古以来,杭州百姓以西湖水为生,无水则无百姓。我宁愿舍弃更长久的统治,也不愿做伤害百姓的事。"

这事儿一传到宫外,立即引来群众热议。人们纷纷赞扬吴越王,咒骂谋士,还有人学着谋士的口吻调侃:"如果吴越王继续任用像他这样的谋士,国家挺不过百年;但吴越王如果尽早远离他们,国家将长治久安。"

有些人对此非常后怕:如果西湖真的被填埋,吴越王钱镠恐怕会成为千古罪人。

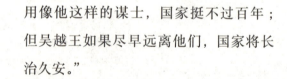

钱王射潮

自古以来，钱塘江的潮水就异常凶猛，浪头高，冲击破坏力大，百姓深受其苦。历代修筑堤坝，也总是今天这段刚修好，明天那段又被冲塌。

钱镠当上吴越王后，便亲自下令，举全国之力修筑堤坝。

皇帝的命令下来后，官员们是不敢不从。他们日夜加班赶修，可情况依旧没改变，潮水一天来两次，白天刚打下的木桩子，晚上就不见了踪影。官员们怕上头怪罪，就说江里有个会兴风作浪的潮神，不消灭他，堤坝就永远修不好。

钱镠一听，气得胡子都竖起来了："潮神算哪根葱，朕还是真龙天子呢。你们这些没用的家伙，快把潮神拖上来给我宰了。"

官员们又奏道："潮神在海里面，跟海龙王住一起，凡人看不到他。"

钱镠一想，说道："等到农历八月十八日这天，我派一万名弓箭手到江边埋伏，等潮神一现身，就万箭齐发。"

为什么会选择农历八月十八日呢？相传这天是潮神的生日，这一天浪潮最大，水势凶猛无比。并且，在这一天潮神会骑着白马，站在浪尖上。

农历八月十八日到了，钱镠亲自来到现场，后边一万名士兵整齐排好，手里的弓箭拉得满满的，随时准备射出。沿岸赶来围观的百姓也不少，黑压压的人头，有十几里长。

一切准备就绪，钱镠先礼后兵，写了两句诗，丢进海里，并大声道："潮神，你最好现在马上退潮，并答应永不涨潮，否则，别怪我手下无情。"

八卦驿站

钱镠还真是有帝王的气魄,杀人前都先打声招呼,对方如果识相,和平解决那是更好。

可大家等了半边,也不见潮神回应,潮水反而越涨越猛了。于是钱镠要士兵们做好准备,同时给潮神最后一次警告,如果再不退潮,就把你射成个刺猬。

又过了一会儿,钱镠没心情再等下去了,大喝一声:"放箭!"顿时,千万只利箭"嗖,嗖,嗖"地飞了出去,天上是密密麻麻一片,所有的箭头都指向一个方向,准确地落到江里。接着,钱镠又两次下令放箭。

奇迹出现了,潮水果真不再上涨,弯弯曲曲向南奔去,最后消失了!工人们一鼓作气,赶紧把堤坝修好了。

修坝成功，功德碑上却无名

编辑老师：

你好！

我是修筑钱塘堤坝的一名普通官员。在修堤坝过程中，我付出了大量的时间和精力，甚至牺牲了过年过节与家人团聚的时间。可是堤坝修筑完成后，皇上论功行赏，赏赐了很多人，有些还封了大官，却唯独把我给忘了。我希望皇上能重新考察，亲口表扬我。另外，在修筑钱塘堤坝的功德碑上，还要补刻上我的名字，让我流芳百世。

水利工人王先生

王先生：

您好！

首先，修钱塘堤坝是件为民造福的事，只要您付出了，把汗水心血留在了堤坝上，让钱塘百姓免受潮水之害，相信人们肯定是会感激您的。

其次，做人应该将名利看轻一点儿。您想想，李冰负责修筑都江堰的时候，有多少人付出了血汗；秦始皇下令修长城的时候，又有多少人累死在长城下。可他们却并未在历史上留下姓名，但人们却永远记得，是无数人的心血铸成了这些奇迹。

希望这些建议能给您帮助。

名人有约

身份：吴越国给事中（官名）、诗人

大：大嘴记者　**罗**：罗隐

大：来之前我查过一些资料，可以用大器晚成来形容您吗？

罗：我年轻时的确没得到重用，直到55岁才被皇上钱镠赏识。唉，可惜了我大好的青春年华！

大：据说在唐朝的时候，您考了十几次进士，屡考屡败，被称"十上不第"？

罗：我是考过几次没考上，后来黄巢起义，我干脆隐居九华山了。

大：听说您才学不错呀，在知识分子中名气还挺大的呢，怎么会考不上呢？

罗：唉，刚开始我也搞不懂，后来我实在忍不住了，就找了个主考官询问，原来，他们觉得我试卷中的讽刺意味太强，都不喜欢。可是我又不想改，所以就屡考屡败。

大：这么说来，您以前的路走得很是坎坷。您是否写过一首叫《自遣》的诗？

罗：得即高歌失即休，多愁多恨亦悠悠。今朝有酒今朝醉，明日愁来明日愁。没错，这首诗是我写的。

大：多么洒脱豪迈，现在不少人把后两句当至理名言。

罗：这是我失意时所发的感叹，小朋友千万别学我。

大：民间有很多关于您的传说呢，比如"天降面粉"是怎么一回事？

罗：有一年冬天我考试又落榜了，心情低落到极点，加上衣袋里没钱了，

名人有约

几天没吃上饭,饿得已经走不动了。于是乎,我就仰天大喊:"老天爷,下点儿面粉给我吃吧!"没想到话音刚落,天上果真降下面粉,附近的居民都拿着锅碗瓢盆抢着接呢。

大:真是面粉不是雪花?您不会是饿花了眼吧。
罗:胡说,天上下的就是面粉。

大:这么说来,您是神仙下凡了?
罗:别这么说,世上只有皇上才是真龙转世,我嘛,顶多就是一凡人。

大:看来您对皇上挺崇拜的。
罗:没错,我们吴越国的皇上,也是古往今来少有的一代明君哪。唉,只是可惜……

大:可惜什么?
罗:可惜他向叛贼朱温称臣,这让吴越全国上下的臣民心里都很不是滋味。

大:想想也是,凭什么吴越国要向后梁称臣?不过,皇上可能也有他自己的苦衷。
罗:后来,我向皇上建议,起兵讨伐朱温那个叛贼,即使不成功,大不了我们退回杭州,继续过日子,向这个叛贼称臣实在是太丢脸了。

大:啊,您说得这么直接,那皇上有没有朝您发火?
罗:那倒没有,皇上说,他原本以为我在唐朝科举屡考不中,会怨恨唐朝,没想到我竟一点儿怨恨都没有,说到这一点他很钦佩我。

大:哈哈,相信从此以后,皇上会更加器重您的。好的,今天的采访就到这里了,谢谢您的参与,再见。

广 告 铺

征塔名

　　为祈求国泰民安，今在西湖南岸建佛塔一座。该塔共有七层，庄严肃穆，金碧辉煌，尤其是黄昏时，与落日相映生辉，可谓美到了极致。可惜的是，这样的宝塔，至今未有一个合适的名字。有人取名叫"黄妃塔"，太俗。特向广大百姓集思塔名，一旦录用，将与此塔一起流芳百世！

吴越王钱俶

（注：后取名为雷峰塔）

招倭语翻译一名

　　自从吴越国开通海上贸易，大量的倭国商人涌入杭州。他们采购茶叶和丝绸，再用商船运回日本本岛。本人最近新开了一间对外贸易公司，经营对象主要是倭国商人，店里一切准备就绪，就差一个客户翻译。

　　公司现面向全杭州人民，招倭语翻译一名。要求会讲一口流利的倭语，懂得基本的经商之道。主要工作是给倭国朋友介绍产品，以及做中间的交流。工资优厚，可以面议。

商人夏先生

召集水利专家

　　今朝廷下令修筑钱塘堤坝，重金聘请全国水利专家。前来应聘者，请先去钱塘江进行实地考察，测量数据，然后上交对策方案。工作期间，食宿等一切费用由国家报销。等堤坝建成之后，论功行赏，功劳巨大者可封官加爵。

吴越国朝廷

智者第 3 关

1. 徐知诰篡了谁的权?
2. 谁灭了前蜀?
3. 前蜀是哪年灭亡的?
4. 南唐的"词人皇帝"是谁?
5. 吴国建于哪一年,建立者是谁?
6. "春花秋月何时了,往事知多少"是谁写的?
7. 《花间集》是一本什么书?
8. 前蜀的建立者是谁?
9. 钱王射潮中的钱王是谁?
10. 南唐共经历了多长时间?
11. 南唐建都哪里?
12. 后蜀的最后一位国君是谁?
13. 徐知诰和李昪是什么关系?
14. 花蕊夫人是谁?
15. 李昪和唐朝皇室有什么关系?
16. "上有天堂,下有苏杭",讲的是五代十国的哪个国家?

智者**无敌** 王者**为大**

第❿期

〖闽国：公元 909 年—公元 945 年〗

〖南平：公元 924 年—公元 963 年〗

闽国、南平特刊

穿越必读 ▶

　　唐朝末年，王潮、王审知兄弟逐渐占据福建。公元909年，王审知向后梁称臣，被封为闽王。王审知在位期间，闽地的经济文化得到迅速发展。公元933年，王审知的次子王延钧称帝，国号闽。公元945年，被南唐灭亡。

　　南平，是五代十国时期最小的国家之一，由高季兴创建。这个地方虽然地狭兵弱，却是南北的交通要冲。公元907年，朱温称帝后，封高季兴为荆南节度使；公元924年，高季兴向后唐称臣，被封为南平王，正式建国，公元963年被北宋灭亡。

王审知被封闽王
——来自福州的加密快报

公元909年，朱温下诏，正式封王审知为闽王，都城为福州，东南又一块割据地上升为国家。

对这个新成立的国家，有人提出质疑：闽南自古是块荒芜地，王审知是否有能力开发它？

面对疑虑，朝廷并没有派人出面解释，更没有就闽国的将来，来一番激动人心的演讲。

闽国的未来还是个未知数，人们就拭目以待吧。

高季兴被封南平王
——来自江陵的加密快报

公元924年，由于高季兴第一个朝见李存勖，李存勖高兴之下，封高季兴为南平王。

南平国面积不大，只包括荆州一带，在陆续建立的几个国家中，无论是人口、土地，还是军事实力，都属于较弱的。因此有人担心：南平四周都是强敌，不知能在夹缝中生存多久。

现在的情况是，南平已经在乱世中占据了一角。

来自福州、江陵的加密快报！

跟着哥哥打天下

王审知出身贫苦农民家庭,他还有两个哥哥——王潮和王审邽(guī),兄弟三人以勇武出名。

黄巢起义军打进长安时,王绪也攻陷了寿州和固始。王潮看王绪有点儿本事,于是拉着两个弟弟去投靠。

由于兵力不足,王绪带着军队投靠蔡州节度使秦宗权,遭到了冷落。无奈,只好一路南下继续寻找新的机会。

路上,王绪借口路险粮少,要王潮兄弟丢下自己的母亲。再加上王绪本来是个屠夫,生性暴戾,心胸狭隘,凡是比他优秀的部下,都被他借故杀掉。

王潮三兄弟于是先下手为强,活捉了王绪后,大家一致推举王潮为主帅,王审知为副帅。

在王潮的整顿下,部队军纪严明,深得民心。经过泉州时,泉州的老百姓拦在路中,流着泪请求王潮为他们除掉泉州刺史廖彦若。

王潮立刻挥师围攻泉州,打了一年多,终于攻下了泉州,处死了廖彦若。

公元893年,王潮又将福州拿下,唐昭宗任命他为福建观察使,王审知为副使,正式承认了他们的统治。

公元897年,王潮染病身亡,王审知接管所有权力。他采取休养生息的策略,对外不轻易发动战争,对内则开发闽南。在他治理闽南期间,闽南成了一个难得的乱世桃源。

百姓茶馆

闽王王审知自从上台以后，就采取休养生息的政策，对内轻赋税，重生产，积极发展国内建设；对外尽量减少战事，与邻国和平相处。30年来，闽南面貌焕然一新。以前，闽南一片荒芜，是专门发配犯人的地方，如今人人都羡慕这里，因为闽国人民个个生活幸福。

闽国百姓

由于闽王王审知信奉佛教，最近许多山上开始修建寺庙，很多人一有空就上山拜佛。我是闽南的原住民，不知道佛教到底是怎么回事。所以前天，我跟着上山，想看看究竟。

走到大殿上时，只见一尊大金佛盘腿而坐，眼睛微闭，耳垂特大。听四周的人说，中原的人都非常信奉他，只要虔诚地磕头烧香，无论什么愿望，佛祖都会帮你实现。不过，对于这个说法，我倒是有点儿怀疑。

闽国原住民

书生孙某

俗话说"虎父无犬子"，但王审知的儿子们却个个不中用。为争夺皇位，兄弟见面就像十世仇人一样，站在一起就得拼个你死我活。我担心他们再这样打下去，闽国迟早会出事。好不容易换来的和平，眼看又要被灾难淹没了。

就算是兄弟，一样要砍头

公元925年，王审知死后，他的儿子王延翰继承了王位。王延翰是个败家子，自从登基以来，每天寻欢作乐，不理朝政。闽国开始走下坡路。

他的两个弟弟王延钧、王延禀多次写信劝告，王延翰不仅不听，还对两个兄弟记恨起来。

有一次，王延翰让王延禀在建州为他搜罗美女。王延禀不答应，王延翰就火了："就算你是我兄弟，敢违抗皇命，我一样砍你的头！"

王延禀害怕被砍头，就找来王延钧，联手起兵造反，将王延翰砍死了。

不久，王延钧进入福州，开始称帝，接管闽国。

但事情到这里并没有消停。王审知共有28个儿子，为争夺王位，兄弟们也不管骨肉亲情，接二连三地自相残杀。

直到王延羲、王延政

天 下 风 云

> 败家子，让我代你们父王来教训你们！

俩人打得不可开交时，邻国南唐的皇帝李璟实在看不下去了，写信指责两兄弟："你们的父亲多英明神武，没想到却生了堆没用的儿子。"

王家两兄弟争夺自家财产，关李璟一个外人什么事，可人家好歹是关心自己，回个信也是应该的。

王延羲回信说，我这是学李世民杀李建成，为闽国前途着想；王延政则索性回骂李璟，你们李家卑鄙无耻，夺了杨行密的天下，自己底子不干净，还乱管别人的家事。

李璟没想到好心却蹭了一脸灰，相当不舒服，心想：你们兄弟俩尽管自相残杀吧，等到两败俱伤时，我就出兵灭了你们闽国。

王家兄弟根本没预感到危机降临，还是成天互掐脖子，为争夺皇位打来打去。

公元945年，李璟起兵攻打闽国。闽国早被几兄弟弄得乌烟瘴气，军队战斗力急剧下降，挨不过南唐军一顿狂攻，纷纷弃械投降。

闽国灭亡了。

朝三暮四的南平国

南平国建国初期，人们就忧心忡忡。因为南平四周都是强敌，稍有不顺，就有可能亡国。

高季兴也知道这个道理，因此一上台，就给自己找了棵大树——向北方的朱温称了臣，有了朱温的庇护，吃饱穿暖不成问题，别人也不敢轻易欺负南平。

后梁被灭了之后，高季兴见形势变了，又赶紧跪下来，向李存勖磕头称臣。

李存勖一看，南平这块地实在是太小了，吞并没多大意义，再加上战略需要，便答应保护南平。

可好景不长，三年后，李嗣源把李存勖杀了，后唐乱成一锅粥。高季兴趁机从后唐边境抢回了大批钱财，把李嗣源气得头顶直冒烟。

在李嗣源登位后，高季兴以南平人多地少为由，请求李嗣源把夔（kuí）州、忠州、万州划给南平时，李嗣源一口回绝说："堂堂后唐国土怎么能划给别人，威严何在？"

可高季兴脸皮厚，隔三岔五就上表请求，最后弄得李嗣源实在不耐烦了，只好答应把这三个地方给他。不过，前提是这三个地方的行政长官，必须由后唐任命。

高季兴可不干：给我地盘同时又派人管着，还不如不给呢！于是把李嗣源派来的刺史一一打发回去，改派自己的儿子去守城。

李嗣源一看，给脸不要脸，看来不发兵征讨，南平是不晓得后唐的厉害。

公元927年3月，李嗣源发兵讨伐高季兴。

高季兴一看，李嗣源动真格的了，自己这点儿兵马抵挡不了啊，赶紧向南吴的徐知诰求救。

徐知诰一向把南平看作是南吴的屏障，如果李嗣源灭了南平，肯定会顺长江东下，下一个发兵攻打的对象就是南吴。所以徐知诰赶紧派刘训率领水师，前来营救南平。

高季兴一看来了救兵，就马上以守为主了。

恰巧这时天降大雨，后唐很多将士突然病倒了，再加上江陵城本来城高池深，难以攻克，李嗣源一时没办法，只好撤军了。

到了6月，李嗣源又派兵打了过来，最后大败南平军，三州又被李嗣源夺了回去。

要是李嗣源再进一步进攻，小小的南平恐怕就要亡国了。然而，出于南平的战略位置考虑，李嗣源还是下令收了兵。高季兴有惊无险地躲过了一劫。

刚得罪完后唐，高季兴又溜到楚国边境，想趁机捞点儿油水。楚王马殷得到消息后，直骂高季兴无赖。从此，南平跟楚国结下了仇怨。

南平国面积就那么丁点儿，又同时得罪两个大国，不找个靠山怕是要亡国。于是，高季兴归顺了南吴，向徐知诰称了臣。

被无赖扣留，怎么办？

编辑：

　　您好！

　　我是前唐进士梁震，因不满朱温的残暴，坚决离开了后梁，打算回四川投奔王建。

　　没想到，我路过江陵时，被高季兴扣留。高季兴死磨硬泡要我留下，可我连朱温都看不上眼，高季兴这个无赖又怎么能将我留住。可我又怕把高季兴逼急了，他一气之下杀掉我。现在，我答应也不是，拒绝也不是，请问我该怎么办？

梁震

梁震先生：

　　您好！

　　对于您的遭遇，我们深表同情。同时我们也看出，您是一个不可多得的人才。不然，大家也不会争着抢着要您。

　　现在天下一片大乱，有才华的人都希望能得到赏识。虽然高季兴名声不好，但是他对您的态度很诚恳，应该会重用您。而且，四川的王建也不一定会收留您，即便收留也不一定会重用。所以，您该好好把握眼前的机会。

　　相信您在南平会作出一番事业的。

报社编辑 

　　（不久，梁震答应做高季兴的宾客，为他效力，但是没有接受高季兴授予的官职，而是一直以"前进士"自称。）

民屋竟然建得像皇宫

王审知当上闽王后,就想到民间海选妃子。

有一天,他带着大臣来到惠安县黄田(今惠安县张坂村)。村里一听说闽王亲自来选妃,顿时就热闹起来了。没有出嫁的姑娘,全都打扮得漂漂亮亮的,跑去见闽王。

有个姑娘也想去,她年方十八,长得也很水灵,可她嫂子不同意。为什么呢?原来她长了个癞痢头。嫂子还挖苦她说:"闽王会看上你才怪。"姑娘一听,犟脾气上来了,硬是要去。

嫂嫂急了,拿起身边的一块木头,"啪"一下扔过去,正好砸中姑娘头顶,顿时鲜血直流。

嫂嫂一下傻了眼,正准备为她包扎呢!姑娘拿块花围巾往头上一包,就跑了。

可是,前来应征的人实在是太多了,谁都想一夜变凤凰,队伍排到了几里之外。姑娘挤不进去,只好站到附近的小山坡上,远远看着闽王。

一下子看了这么多美人,王审知有些审美疲劳,就抬头往远处望了望。

嘿,远处山坡上,正站着个带花头巾的妙龄少女,宛若仙女下凡,一下子就把闽王看呆了。

八卦驿站

这一看，闽王马上就动了心，于是，他把姑娘带回了皇宫。

宫里名医多，药材好，姑娘的癞痢头没多久就治好了，慢慢长出了头发。有了丝一般的头发，闽王对她是越看越爱，索性封她当皇后。

可有一个下雨天，皇后却坐在窗前默默流泪。

闽王赶紧问："皇后为什么流泪，宫里山珍海味、锦衣玉食，你还有什么不满意？"

皇后回答说："我想家了！每逢下雨天，家乡的房子就会漏水。"

闽王还以为是多大的事呢，当即拍拍胸脯："朕赐你府上皇宫起（即建皇宫式的房屋）。"

皇后赶紧下跪谢恩，同时对身边的太监说："皇上赐我府皇宫起，还不快传圣旨去！"

太监愣了一愣，皇上刚才明明说"府上"，皇后却少说了"上"字。不过，皇上马上给太监使了个眼色，"府"就"府"吧，只要皇后高兴，什么都行。

于是，圣旨一下来，整个泉州府大兴土木，所有建筑统统建成了皇宫式的，屋脊弯弯的，中间凹下去，两端往上翘。

而那些羡慕皇后的姑娘们，也开始学着包花头巾，希望自己有朝一日也能麻雀变凤凰呢。

美女耶，美女！

名人有约

特约嘉宾：王审知

身份：闽王

大：大嘴记者　王：王审知

大：闽王您好，听说将士们曾给您起名"白马三郎"，这是怎么回事？

王：因为以前在军中，我爱骑白马，人坐在马上英姿飒爽、威风凛凛，将士们看到我摆的造型后，给我取了这个外号。

大：看您现在的样子，威风不减当年啊。

王：时间一晃20年，人都老了。古人云：逝者如斯夫，不舍昼夜。现在我很怀念过去的时光啊。

大：是的，那时您的身份是将军，现在则是皇上，请问两者有什么区别？

王：这个问题好。皇帝是结果，带兵打仗是过程。没有年轻时的拼搏，哪来现在的富贵。还有，两者的责任也是不一样的。当皇帝要治理整个国家，为的是全天下人民的利益；当将军就轻松多了，只需保证将士们够吃够喝，有力气打仗，不让他们造反就行了。

大：您真幽默。听说您当了皇上后，生活依旧节俭，有人甚至叫您"铁公鸡"？

王：我出身底层，深知江山来得不容易，百姓更是艰难度日。只有我带头勤俭了，底下的官员才会跟着做。有一次，我的裤子破了，大臣们建议重新做两条，我不同意，叫人撕块麻布打上补丁继续穿；还有一次，有个大臣出洋回来，送我一个玻璃瓶子，这可是个稀罕物。我拿起看了看，然后当众摔碎，因为太奢侈的东西会破坏勤俭之风。

名人有约

大：您能做到这样，真是闽国人民的大幸。
王：作为一国之君，理应如此。

大：对于闽国开放泉州，发展海上贸易，请问您是怎么想的？
王：闽国东临大海，海上资源丰富，封锁贸易太可惜了。广州不是已经开放了海上贸易，泉州也可以试一试。国家专门把泉州圈起来，设个特区搞对外贸易，让衙门少收税，并鼓励当地商人出海经商。海上贸易对一个国家的经济很重要，海关税收也是国家财政收入的来源之一。

大：说得有理。我能问您一件比较私人的事吗？
王：你尽管问。

大：您跟王潮是亲兄弟，他去世时主动将位置让给您，您想过把皇位再传给他的儿子吗？
王：现在闽国内风调雨顺，人民生活健康安乐，如果我把王位传回去，恐怕国家会产生动乱。我们兄弟，谁治理国家不一样啊，只要老百姓幸福就行。

大：既然不打算传回去，那么您打算传给谁呢？
王：废话，当然是自己的儿子。我有28个儿子，随便传给谁都行。

大：这么多儿子，您不担心将来会发生内乱？后梁的朱温就是例子。
王：混账，竟然拿我跟朱老三比，他可是个无赖！

大（一阵纳闷）：您闽王的称号不就是朱温给的吗？
王（脸色发青）：来人，把这个大嘴记者给我轰出去，朕下令，从今以后，不接受任何形式的采访！

广告铺

甘棠港开放

　　为适应发展海上贸易的需要，现特在福州开辟专门外港，负责管理对外贸易，取名甘棠港。过不久，朝廷会在这里设立衙门，并建造码头、船只。以后的对外贸易，必须先将货物清单送往衙门登记，缴纳税款后，再行出港。

闽国朝廷宣

诚邀各界人士开发泉州

　　前不久，闽王亲自下令，要将泉州打造成贸易港口，大力发展海上贸易。可目前泉州人口不足10万，而且整个城市规划不到位，朝廷管理也有一些漏洞。现诚邀社会各界人士，共同开发泉州。

　　泉州濒临大海，地理位置极佳，不仅海洋资源丰富，而且土壤肥沃，气候宜人。相信在你我的共同努力下，不久的将来，泉州定会成为与广州一样的贸易大都市。

闽国朝廷宣

欢迎来闽南游玩

　　闽南经过几十年的开发治理，已经改头换面，不再是一片杂草丛生、荒芜凄凉的景色了。

　　闽南东边临近大海，西边背靠武夷山，拥有得天独厚的地理条件。在开发闽南时，闽南本土的自然景观保存完好，武夷山更是风景如画，春夏秋冬各不相同。欢迎广大朋友前来闽南参观旅游。

闽国朝廷宣

第⑪期

〖南汉：公元917年—公元971年〗
〖南楚：公元896年—公元951年〗

南汉、南楚特刊

公元917年刘岩在番禺（今广州市）称帝，国号为越，第二年，改国号为汉，史称南汉。在刘岩的治理下，南汉成为堪与吴国、前后蜀等比肩的南方强国。公元971年为北宋所灭，共有5个皇帝，历时67年。

公元896年，马殷统一湖南，建立了中国历史上的第二个楚国，定都长沙，史称南楚。这是历史上唯一以湖南为中心建立的王朝，在湖南的历史上有着重要的影响。

穿越必读

烽火快报

刘岩自封为王
——来自广州的加密快报

一说起自封为王，刘岩就满肚子气。原来刘岩早就占领岭南一块了，只差一个名义上的封号。于是，刘岩多次找后梁皇帝朱友贞商量，贡献了大批金银珠宝，只求给个王的名号，但这时，朱友贞正忙着打仗，没空搭理刘岩。

一气之下，刘岩决定自封为王。公元917年，刘岩在番禺立国，国号为越，第二年改国号为汉，史称南汉。

马殷被封楚国王
——来自长沙的加密快报

来自广州、长沙的加密快报！

公元927年，后唐皇帝李嗣源下令，封马殷为楚国王。于是，马殷在长沙正式建立楚国（史称南楚）。这时的马殷已经75岁了。

对于后唐的这个赐封，人们都认为有点儿晚了。早在公元907年，马殷就被朱温封为楚王，负责掌管湖南一带。这20年间，马殷实际上就是这里的皇帝。

虽说这个封号来得晚，但无论对于楚国人民，还是对于已经75岁高龄的马殷，都是件值得庆祝的大事。

前人栽树后人乘凉，刘岩轻松做皇帝

刘岩称帝后，很多人说他和他父亲一样运气好，才当上了皇帝。这话确实没错。

刘岩的父亲刘谦就是一个非常幸运的人，虽然仕途不顺，却得到了岭南节度使的青睐，娶了他家的女儿，从此，一路升官，一直升到封州刺史。

刘谦死后，刘岩的哥哥刘隐继承了父亲的位置。刘隐野心很大，他不想一辈子守着封州这块地，就决定去抢人家地盘。

等他一路扫清障碍，率军进驻广州城时，突然杀出个"程咬金"——楚王马殷发兵南下，打得他差点儿连老家封州也丢了。

吃了败仗后，刘隐痛定思痛，决定休养生息，安心发展当地经济。他虚心纳谏，广纳人才，重视农业生产，几年下来，把岭南治理得欣欣向荣。

可就在这时，刘隐因病去世了。

刘岩继承了哥哥的位置后，休养了几年便蠢蠢欲动，又加入了"大鱼吃小鱼，小鱼吃虾米"的战争中。打来打去，最后就剩下刘岩跟楚王马殷了。

也许是实在打得厌烦了，公元915年，刘岩派大臣到楚国，带着大量聘金，向马殷的女儿求婚。两家就此偃旗息鼓，结为秦晋之好。

内忧外患解决后，刘岩自封为王。登基这一天，好几个邻国皇帝发来贺信，以示祝贺！

百姓茶馆

楚国一百姓

自从楚王的女儿嫁给南汉王后,两国的青年男女通婚的越来越多。单单这个月,我就往返两国出席了四场婚宴。可以这么说,是皇族的联姻,引起了民间的通婚热潮。

南汉开放广州,打通海上贸易后,街上又开始出现外国人的身影。昨天吃过晚饭后,我到城南散步,突然迎面走来一个波斯人,他说着蹩脚的汉语,问我最近的茶叶市场在哪儿,并说波斯人喜欢中国的茶叶,他这次来就是为了做茶叶生意。

南汉平民

广州商人刘先生

自从广州开放贸易以来,许多工厂陆续开张。可这边严重缺少劳动力,往往是工厂多,伙计少,很多老板一再加薪,却依旧招不到人。虽然这边的工资远比中原地区高,当一年伙计就可在乡下买套好房,可还是出现了用工荒。希望国家加大宣传力度,让更多劳动力涌向广州。

南平又一次逃过一劫

马殷刚当上楚国王不久,就出了一桩事故——他的使节史光宪路过南平国的时候,无缘无故地被高季兴扣留了。

开始,马殷还彬彬有礼地向对方传话,希望能和平解决。但高季兴似乎没这打算,双方商量来商量去,没个结果。马殷大怒,立刻派出水师进攻江陵。

江陵地盘太少,只有区区三个州。马殷不费吹灰之力,就打得南平军队丢盔弃甲,纷纷投降。

马殷一高兴,想趁这次机会,一举灭掉南平,因为南平国小事多,总是频频挑起事端,弄得马殷很心烦。

这时,一个手下劝他说:"高季兴虽然爱耍无赖,但江陵位置太特殊,如果今天我们消灭了南平,将来后唐兵南下的时候,抵挡的就只能是我们楚国人自己了,不如留下高季兴,做我们的北方屏障吧。"

马殷觉得有道理,于是放了高季兴,忍气吞声地回去了。

岳父和女婿之间的战争

公元928年,马殷不知何故派出大批水师,围攻封州。

消息传到刘岩耳里,刘岩有点儿纳闷,便询问左右:"这才刚过10年,岳父大人怎么就翻脸不认人了?"

不过,牢骚归牢骚,岳父都已经打到家门口了,女婿还是要去抵抗的。

抵抗之前,刘岩拿着《周易》先算了一卦,算到"大有",意思是南汉这次将大发。

刘岩心里一乐,赶紧派苏章率军救封州。苏章是个聪明人,略施小计,就把楚军骗进陷阱。南汉士兵趁机万箭齐发,楚军一阵混乱,大败而归。

这场战争后,两国就撕破脸皮,见面就像仇人似的,稍不顺眼就开打。直到公元939年,刘岩听从宰相的建议,派使臣去长沙重修旧好。

对这次外交,两方是各自打着小算盘。南汉方面,是因为女婿刘岩已经老了,只图国家安稳;南楚之边,岳父马殷早已过世,即便有怨气也该消了。

新任楚王马希范也希望后方稳定,如果真的与南汉交战,对本国发展也不利,再说双方好歹亲戚一场,一切以和为贵,实在没必要放着亲人不做做仇人。所以,现在不和解,还等到何时呢?

于是,两国关系再度修好。

给侍卫队长丁思觐的回复

编辑老师：

　　您好！

　　我是楚王马希范的侍卫队长丁思觐（jìn），不久前契丹皇帝耶律德光率大军入汴州，石重贵投降，中原大乱。我上书楚王，说现在正是我们楚国大展拳脚的好机会，希望主公能够暂时停止享乐，带领我们去驱赶契丹人，到时候中原百姓一定会极力拥护，我们楚国便可以统一天下。

　　可是，马希范只知道贪恋酒色，将我的话完全当作耳旁风。并且，还嫌我唠叨，降了我的职。眼看机会稍纵即逝，我实在是不甘心，我该怎么办呢？

丁思觐

丁思觐：

　　你好！

　　看了你的来信，我们只能给出两条建议。一是如果楚国真的有实力驱除鞑（dá）虏，入主中原，你可以先去说服朝中大臣，利用他们的威信，跟他们联合起来再次劝谏皇上，说不定皇上会改变看法。

　　二是如果此路不通，你可以选择离开楚国，另谋职位。我听说后汉的郭威雄才伟略，广纳人才，你可以前去投奔他。以你的见解和才华，不应该蜗居楚国，只当个小小的侍卫队长。天高任鸟飞，海阔凭鱼跃，相信你会得到更大的重用。

报社编辑

（没多久，马希范毫无廉耻地向耶律德光俯首称臣，丁思觐气绝身亡。）

兄弟争权亡了国

公元947年，马希范病逝后，由于没正式确定继承人，大臣们有的主张立哥哥马希萼，有的主张立弟弟马希广，双方谁也没能说服谁。最后还是马希广因地理条件好，抢先登了位。

马希萼看皇位被弟弟抢走了，气不过，就想造反，可手里头只有1万名将士，实力有限，于是向南唐李璟求救，表示愿意称臣。

李璟一看，正是扩充南唐地盘的好机会，就答应了。

有了南唐帮忙，马希萼就信心满满地带着军队杀到了长沙城下。

马希广本来拥有10万精兵，没把马希萼放在眼里，却没想到哥哥一下打了过来。情急之下，就让巫师往湘江里投了一个"鬼"，找来和尚日夜念经，希望吓跑马希萼。

长沙城守将看楚王装神弄鬼，无心应战，也懒得再拼命，装模作样抵挡了一阵，就投降了。

马希萼进城后，马上勒死了马希广，并杀了他全家，当上了新楚王。可是，屁股还没坐热呢，他的弟弟马希崇带领将士也反叛了。

马希萼只好再次向南唐求援。李璟看楚国一团乱，就派兵来到长沙城下。马希萼以为是救兵，忙出城迎接，没想到南唐军冲进长沙，就向他的军队开战了。

马希萼内忧外患，无处可逃，只好出城投降。公元951年，楚国灭亡。

潮汐捣乱，刘弘操被杀

公元938年的一天，刘䶮令儿子刘弘操率300条战船，从海道迅速赶往交州，增援皎公羡。这皎公羡是谁，刘䶮为何要派自己的儿子去帮他呢？

原来，皎公羡原本是安南节度使杨延艺的手下，后来，他暗杀了杨延艺，坐上了杨延艺的位置，这引来其他人的不满，摩擦不断。

不久，吴权出兵讨伐皎公羡。皎公羡打不过，就派使者前往南汉，求刘䶮发兵增援，并答应事后会重金答谢。

刘䶮正嫌南汉地盘小，急于扩充，可又找

不到好的出兵借口。这时交州城混乱，正好是个机会。于是让刘弘操做先锋，自己率大军殿后，并打着"道义相救"的牌子，准备浑水摸鱼。

南汉的一名官员萧益劝道："皇上，海上不比陆地，风险很大。况且，我听说吴权诡计多端，我们大军出动，人生地不熟的，还是请几位向导吧。"

"就这么点儿路程还请向导，真是胆小怕事。"刘岩懒得理他。

不久，刘弘操的先锋部队就赶到了交州海湾入口处，一路上，海面是风平浪静。正当刘弘操放松警惕时，吴权军队的几只小船，划着小桨前来挑衅。

刘弘操一看，自己有300条战船，对方才这么点儿虾兵蟹将，毫不惧怕，于是下令："士兵们，把船开足马力，火速前进！"

吴权的小船一看，扭头就逃。南汉军紧跟在后面追赶，恨不得一口吃了他们。

不料，当南汉军的船深入交州海湾时，海水突然退潮了。吴权的小船三五下就划上了岸，而刘弘操的大船因为太重，很多被搁浅在岸边。

更可怕的是，当船搁浅时，底部有什么硬东西刺穿了船底，将船定在那，一动也不能动。

这时，隐藏在四周的吴权军冲了出来，冲着不能动弹的大船猛烈攻击。南汉士兵损失过半，刘弘操也在混乱中被杀死了。

原来，吴权早知道南汉军要来，特意利用海水涨潮的规律，在水底布下铁尖木桩阵，然后又故意用小船引南汉军上当，等到大船落入陷阱后，就出兵一举打败了南汉军。

名人有约

身份：楚王

大：大嘴记者　　马：马殷

大：您好，这段时间，全国上下都在议论您，我能代广大民众问您几个问题吗？

马：你尽管问，我倒是想知道，大家在议论些什么。

大：半个月前，楚军前锋打进了南汉边境，这是开战的信号吗？

马：当然是要开战，你以为是士兵搞集体旅游啊！

大：可是您十几年前将女儿嫁到了南汉，表示两国永远和平相处。

马：没错。

大：那您为什么出尔反尔，不守信用呢？

马：永远和平相处？那只是刘岩自己异想天开罢了。如今乱世，谁不希望多扩充点儿地盘，稳固江山。"卧榻之侧岂容他人酣睡"，谁又能担保，等将来南汉强大了不来攻打楚国。联姻只是权宜之计，先稳住南汉，等到时机成熟，再发兵打过去。

大：这么说来也对，那您这次有把握赢吗？

马：南汉只是一小块地方，这次我将全国的精锐部队派了出去，一定能马到成功。

大：那您就不担心南汉对付您的女儿吗？莫非那不是您的亲生女儿？

马：如假包换的马家后代。只可惜她生在帝王家,这就是她的命运。再说,能为国家牺牲,是她的光荣。

大：唉,您女儿还真是不幸。当初刘岩娶她的时候,您应该收了不少聘金吧?
马：是收了不少,不过这些聘金全用来充实国库了,后来又发放给了老百姓,用于民间建设,我一文也没留下。

大：请问他们当时结婚是自由恋爱吗?
马：可笑,政治联姻从来不管个人愿不愿意的。

大：唉,那她嫁过去后,您想念过她吗?
马：我整天处理国家大事,哪有时间去想她!再说,我女儿多得……

大：太悲哀了,我们换个话题吧。民间盛传您胆小怕事,后梁强大时投靠朱温,后唐强大时又依附李存勖,请问这怎么解释?
马：不是我畏首畏尾,而是大丈夫做事能屈能伸。楚国虽然地广人多,但比起雄踞中原的后梁来,仍是不堪一击。为减少战争,避免平民百姓伤亡,我只得卑躬屈膝向他们低头。这是乱世中的生存法则。

大：您讲的虽然有道理,可百姓们却并不清楚,您应该向全天下解释,以免大家对您产生误解。
马：那倒也是,我得想个办法好好解释下……

大：那今天的采访就到这里,感谢您的配合,再见!

广告铺

商船第三次下南洋

经皇帝批准，广州港口的商船将第三次集体下南洋。头两次下南洋的商人，将丝绸、茶叶等运到南洋及波斯，赚回了大量金钱。这次想去南洋做生意的人请快快来登记。

注：本次活动完全由政府发起，并由政府提供船只。

南汉商部

南汉和楚国实行通婚

从即日起，南汉、楚国两国百姓可以自由通婚。只要符合法定结婚年龄，有父母之命，媒妁之言，男女双方就可以结婚。另外，双方结婚登记，以男方户籍为主，女方带好本国户口资料，一律到男方国家统一办理。

南汉朝廷宣

求向导一名

我是波斯人阿尔法，上个月跟随波斯商船来到广州，一直住在城南的外宾客栈里。

我从小就很向往大唐的文化，一直想来大唐学习。虽然大唐已经灭亡，但依然阻止不了我对中国的热情。由于语言不通，我需要一名当地向导。要求是会波斯语及汉语，心地善良，并有一定的华夏文化底蕴。有意者请前来客栈联系我。

波斯人阿尔法

第 ⑫ 期

〖公元951年—公元979年〗

北汉特刊

公元951年，河东节度使刘崇（刘知远的弟弟）在晋阳称帝，国号汉（史称北汉），定都晋阳。为报杀子之仇，他认契丹的小皇帝为叔叔，得到契丹支援，向后周开战，结果大败。

北汉广运六年（即公元979年），宋太宗赵光义率军亲征北汉，猛攻太原，北汉灭亡。

穿越必读

烽火快报

北汉出了个"石敬瑭"
——来自晋阳的加密快报

来自晋阳的加密快报!

公元951年,郭威灭掉后汉后,将还没来得及登基的皇帝刘赟毒死了。刘赟的老爸,也就是刘知远的弟弟——河东节度使刘崇在悲愤之下,于晋阳称帝,国号汉(史称北汉)。

登基没几天,就从都城晋阳(现山西太原)传来一个消息:刘崇拜契丹王为叔父了!

有人专门为此算了一下,刘崇今年55岁,新即位的契丹王耶律述律21岁。两人岁数一减,前者比后者大了20多岁。刘崇竟然还称对方为叔父,真是丢尽了脸面。

不过,当年石敬瑭年纪一大把,不也照样认契丹王为干爹吗?

看来,对于这些人来说,只要有权力、有皇位,年龄不是问题,身高不是距离,再当一回"石敬瑭"又如何呢?

刘崇誓报杀子仇

大家都知道，刘崇原来是后汉的人。那他为什么在后汉灭亡后，建立北汉，而不跟着郭威混呢？这事还得从郭威造反说起。

郭威造反后，怕人心不服，暂时不敢强行登位。

而刘知远的弟弟刘崇这时正占据太原，手里有不少兵马，要做皇帝的话，照理是该轮到他。

所以，郭威怕刘崇出兵讨伐，弄不好皇位没坐上，自己倒先被杀。于是就与李太后商量，立刘崇的儿子刘赟为新皇帝。这样，一来可以稳住刘崇，不让他发兵；二来，郭威可以趁这个机会，搞好政治关系，让老百姓接受自己。

为了彻底稳住刘崇，郭威还对刘崇的使者说："我出身贫贱，脖子上还有文身，怎么看也不像有当皇帝的命。"

刘崇本想出兵，可看到郭威立自己儿子为帝，心里一高兴，就有点儿飘飘然了，心想：我儿子成了皇帝，那我不就是太上皇了？还打哪门子仗啊，算郭威你小子识时务。于是他下令收兵，回家等好消息去了。

刘崇的手下李骧（xiāng）站出来提醒他："郭威发兵犯上，他不会甘心做臣子的，更不可能让刘姓人做皇帝，我们应该马上出兵！等刘赟登基后，再撤兵回来。"

刘崇听了不但不感激李骧的提醒，反而说他多事，命人将他推出门外斩首。

等到郭威顺利登基称帝，毒死了刘赟后，刘崇才后悔莫及。

杀子之仇，不可不报。可晋阳地盘太小，只有区区12个州，难以抵抗后周，如果真的开战，无异于鸡蛋碰石头，自取灭亡，怎么办呢？

正当刘崇左右为难时，脑海里突然蹦出一个人来——石敬瑭。为了称帝，石敬瑭卖国求荣，甘愿当耶律德光的儿子。既然有石敬瑭在前面做"表率"，那我刘崇为什么不能跟他学学呢？

为报仇，刘崇什么都不管了。可刘崇又觉得，叫爹太有损颜面，不如就叫叔叔吧。

于是，刘崇派使者来到契丹，向耶律述律说明来意。耶律述律白白捡了个侄儿，当然高兴，双方结成同盟。

天公不作美,联合契丹也无用

公元 951 年,契丹为了给侄子吃颗安心丸,答应出兵 5 万,帮助刘崇一起攻打后周。

刘崇顿时信心倍增,率领联军一路狂攻,一直打到晋州城下。不过,由于守晋州的王万敢与史彦超用兵有道,联军攻打了两个月,也没攻下来。

刘崇报仇心切,逼将士们加紧攻城。可这时天公不作美,接连下了十几天大雪。联军没防备,冻得伤的伤,死的死,士气大挫。

契丹军本来就没多大诚意,一看天气恶劣,就连夜撤军回去了。

刘崇舍不得走,眼看晋州就快攻下来了,只差最后一击。

偏偏这时,后周的援军到了。北汉将士因为大多被冻伤,战斗力下降,哪里挨得过后周军的追打,溃散逃走。

不到黄河心不死，最后兵败如山倒

挨过打后，刘崇仍不罢休。他吸取上次的教训，总结为郭威领兵太厉害，自己不是他的对手。公元954年，一个令人喜出望外的消息传来，后周皇帝郭威去世了！

于是，刘崇准备再次出兵。

这次出兵前，刘崇做足了准备。他打听到，后周新登基的皇帝柴荣是个毛头小子，觉得这是个大好机会，也不顾自己60岁高龄，硬是要亲自领兵讨伐。

这次，契丹王又给"侄儿"派了不少兵马，刘崇亲自带着3万大军，黑压压地朝潞州扑来，那架势让人胆战心惊。

没想到，柴荣也亲自率兵增援。

刘崇听说援军来了，决定先干掉援军，免得两路人马汇合。两军在高平相遇，一阵厮杀乱砍。由于柴荣亲自挥刀杀敌，再加上有赵匡胤等猛将冲锋陷阵，很快，战争天平偏向后周。

契丹军队一瞧形势不好，又开溜了。

后周军借着气势一路狂杀，北汉兵败如山倒，到最后，刘崇身边只剩下几百名骑兵，只得狼狈逃回晋阳。

杀啊！

水淹太原城，北汉灭亡

公元969年2月，已经成为北宋皇帝的赵匡胤亲自率领大军攻向河东，准备灭掉北汉，一统中原。

北汉军寡不敌众，只得退回太原。没想到赵匡胤紧追不放，一直追到太原城下。

北汉皇帝刘继元仗着太原城墙高大坚固，躲在城里死守不攻。宋军在城外苦苦围攻两个月，毫无进展。

赵匡胤见太原城外有条护城河，便下令毁掉堤坝，水淹太原城。没多久，太原城内就成了一片汪洋。宋军将士乘着小木船再次发动进攻。这时，契丹的援军赶了过来，与守城的北汉将士来了个内外夹击。

赵匡胤一看两面受敌，只得下令回撤。

10年后，赵匡胤的弟弟——赵光义（即宋太宗）集结北宋最精良的士兵，再次向北汉发动了战争。

刘继元赶紧又派人向契丹求救。没想到，赵光义来了个中途拦截，把契丹军逼了回去。

没有了契丹相助，刘继元万念俱灰，只有死守。

一些官员害怕了，劝道："太原迟早保不住。请陛下为百姓着想，开城投降吧！"

刘继元见大势已去，只好向赵光义投降了。

（北汉的灭亡，标志着北宋统一中原。自朱温建后梁开辟五代十国以来，混乱的中原大地再次统一。）

百姓茶馆

太原一百姓：刘崇怎么能学石敬瑭向契丹称臣呢？想当年，石敬瑭以幽云十六州为筹码，换取契丹的支持，结果证明是引狼入室，弄得中原连年征战，民不聊生。到现在，幽云十六州都还在契丹手中。一味妥协，只会让国家更受欺负啊！

北汉一百姓：听说赵匡胤发动兵变建立了北宋，又通过改革，把北宋变得强大起来。南方的南平、后蜀已经相继被北宋灭掉，南唐也被驱赶到了长江边，北宋大有一统天下的趋势。

再看看咱们北汉，一直活在契丹的阴影下，对契丹人是言听计从。我们与其这样战战兢兢苟活着，倒还不如早点儿归顺北宋，做个堂堂正正的汉人呢。

太原贾书生：北汉夹在宋跟契丹之间，南边赵匡胤野心勃勃，频频发动战争；北边契丹人野蛮无礼，年年征收贡品。北汉还能存活多久，真不敢想象。

给北汉老兵的回复

编辑：

  你好！

  我是北汉军营里的一名老兵，在刘崇建立北汉时就一直待在前线。十几年来，北汉跟后周不知打了多少仗，我也亲眼见证了无数战争悲剧。

  前段时间，北汉偷袭赵匡胤的部队，结果反倒引来赵匡胤的大军扑杀。在这次扑杀中，北汉接连损失几员大将，卢赞战死，卫融被俘，赵华也走了。现在整个太原城里，亡国的消息满天飞，很多将士对抵抗失去了信心，我该怎么办，是继续坚持还是投降？

北汉老兵

北汉老兵：

  您好！

  我非常能理解您此刻的难处。若降，北汉皇帝会说您不忠；若不降，又会有更多的将士死于战场。是食君之禄，忠君之事，还是顺应历史潮流，识时务者为俊杰，这的确是个问题。

  古有苏武持节牧羊，表现了不屈的民族气节，也有管仲投奔齐王，成就一代霸业的美谈。具体该怎么办，还是看您自己的内心，究竟是怎么想的吧！

北汉官员穷得叮当响

最近，有北汉官员爆料，朝廷给的俸禄太少，老老实实拿工资的官员，连家人都养不活。

这是怎么回事？堂堂一个国家的官员，端着金饭碗，吃着皇家粮，居然还会让家人饿肚子？

有个官员首先站出来诉苦：北汉建国仓促，只有区区12个州的土地，财政一直比较紧张。再加上年年打仗，军队支出过多，国库早被掏空。我为官3年，去年的工资到现在还没发，全家老少都眼巴巴地等着我发俸禄，我都快没脸进家门了。

同时，也有人统计了一些数据：北汉只有4万户人家，30万人口，可每年不仅要养活上万的士兵，还要按时给契丹进贡，这进贡的礼品还不是小数目，国家哪还有钱给官员发薪水。

另外，一位的北汉官员拿出自己的工资单，上面明明白白地写着，刘崇给宰相开出的月薪是一百贯钱，宰相以下的官逐级减少。就连节度使们，每月也只有区区三十贯钱。

那些当官的，多半是为名利而来，现在名是有了，可利却没捞到。堂堂一个国家的大官员，居然还在温饱线上挣扎，足以看出这个国家是多么贫穷。

不过，能当上官自然就不是傻子，朝廷不发工资，官员可以伸手向百姓要钱。于是，北汉的百姓是被刮了一层又一层，就差连骨头都被刮走了。

名人有约

身份：北汉宰相

大：大嘴记者　**郭**：郭无为

郭：早就听说了您的大名，今天能采访您，真是三生有幸。

郭：过奖过奖，我只不过一介文人，只会动动嘴皮。

大：首先我想请问一下，您号称"抱腹山人"，为什么会取这么个名号？

郭："抱腹"谐音"抱负"，我是想向世人说明，我有远大的抱负。

大：那您的远大抱负是什么呢？

郭：辅佐明君，一统天下。自从唐朝灭亡以来，中原已经出现了50多年的动乱，人民生活在水深火热中，痛苦不堪。我的理想就是一统四分五裂的土地，还百姓一个和平安定的国家。

大：能有如此远大的志向，真是佩服。因此在早些年，您去投奔了郭威？

郭（突然变得不高兴）：别再提郭威，哼，想当年我以小诸葛自称，投奔郭威，想为他效力，帮助他统一天下。可郭威这个人不识人才，硬生生把我赶了出来。要是郭威能任用我，早些用我，后周绝不止这么点儿成就。

大：一气之下，您就上武当山做道士了？

郭：大嘴记者不愧是大嘴记者，什么资料都调查清楚了。没错，投奔郭威失败后，我就上武当山当道士了，10年寸步不离武当山顶。

名人有约

大：您在那上面干什么呢？

郭：当然是隐居研习啊！真笨。

大：……后周世宗柴荣也是位明君，您可以投奔他呀？

郭：算啦，一切已过去，说什么都是枉然。是人才到哪里都吃香，我现在不是做了北汉的宰相嘛！

大：您选择做北汉的宰相，是不是仍记着当年的仇？

郭：这也能被你看出来，看来你也是读过书的。是的，我恨郭威，恨后周，恨他们当年有眼不识泰山。想当年我意气风发，却被像打发要饭的乞丐一样扫地出门。因此，我主张北汉跟后周硬拼，哪怕只剩一兵一卒，也要弄得后周元气大伤。

大：可如今后周已不在，赵匡胤建立北宋，您应该劝服北汉皇帝，不要再互相打下去。

郭：有道理，冤冤相报何时了，何况赵匡胤还是我哥们儿。

大：您认识赵匡胤？

郭：早在郭威不用我时，赵匡胤就跟我成了哥们儿。实话告诉你吧，其实我是个卧底。当得知赵匡胤发动陈桥兵变，当上宋王后，我就开始潜伏在北汉。等到时机成熟，赵匡胤发兵攻打北汉，我再跟他来个里应外合，北汉必亡，统一中原也指日可待了。

大：原来您是北宋派来的间谍。

郭：这篇报道千万别登出去，否则一切将前功尽弃。

大：我一定会谨守秘密，绝不外传。感谢您今天接受采访，同时希望中原能如您所预言，早日实现统一。

广 告 铺

征兵启示

赵匡胤的军队已打到了太原城外,为保卫国土,北汉必须向民间征兵。征兵对象为所有成年男性,无论是否健康,只要能拉动弓箭,举起长矛,统统来军事处报道,请大家积极配合。

北汉军事处

招女婿

我有一个女儿,年方十六,尚未出嫁,长得亭亭玉立,貌美如花。由于孩子她爹跟兄长在战场上阵亡,因此特招一女婿当家,最好是北宋户籍,结婚后,能让我们母女远离北汉。

要求:五官完好,行为端正,有固定工作,有房有车者优先考虑。年龄不是问题,距离不是借口。非诚勿扰!

村民赵大妈

当铺抛售货物

最近,北汉接连战败的消息传到太原,太原城内人心惶惶,许多人举家连夜搬走,城南当铺也打算在月底前关门。

由于店铺囤积有货物,不方便带走,现低价向社会抛售。其中包括名人字画、玉石雕刻、周朝古鼎、日常用具等,欢迎有需要的朋友前来购买。

城南当铺

智者第4关

1. 闽国哪个皇帝笃信佛教？
2. 楚国是被谁灭亡的？
3. 闽国跟南平谁建立的时间早？
4. 南汉跟哪个国家结为了亲家？
5. 刘崇称契丹人为什么？
6. 南汉的建立时间及建立者是谁？
7. 吴越国的建立者是谁？
8. 南平建都在哪里？
9. 泉州是谁下令开放的？
10. 钱镠被民间百姓称为什么？
11. "白马三郎"是谁的外号？
12. 南汉灭亡于哪一年？
13. 南汉开放了海外贸易吗？
14. 北汉几次出兵攻打后周？
15. 闽国是被谁灭亡的？
16. 五代十国中，哪个国家最后灭亡？
17. 五代十国分别是哪五代，哪十国？
18. 五代十国的皇帝中，除了后晋的石敬瑭拜契丹王为干爹外，是谁拜契丹王为叔叔？

智者无敌　王者为大

智者为王答案

第 1 关答案

1. 朱全忠
2. 唐哀帝李柷。
3. 节度使是地方军政长官,拥有军事大权。
4. 镇压黄巢起义。
5. 从朱温灭唐,建立梁国开始。
6. 李嗣源。
7. 不是,他是沙陀人。
8. 洛阳。
9. 李存勖。
10. 义兄弟关系,因为李嗣源是李克用的养子。
11. 出自《咏田家》,是聂夷中写的。
12. 朱友珪。
13. 朱温与李存勖。
14. 李存勖。
15. 他的干哥哥李嗣源。
16. 四代。李存勖、李嗣源、李从厚、李从珂。
17. 公元936年。

第 2 关答案

1. 不是,是沙陀人。
2. 契丹。
3. 因为他是靠"父亲"耶律德光帮忙,以出卖燕云十六州为代价,才坐上皇位的。
4. 有《史记》《汉书》《后汉书》《三国志》《晋书》《宋书》《南齐书》《梁书》《陈书》《魏书》《北齐书》《周书》《隋书》《南史》《北史》。
5. 耶律德光。
6. 刘知远。
7. 刘知远为了让杜重威投降,答应不杀他。刘知远死后,他的儿子刘承祐将杜重威杀了。
8. 刘崇的儿子刘赟被郭威杀死了,郭威建立后周后,刘崇就建立北汉与他对抗。
9. 郭威是通过发动澶州兵变登上皇位的。

智者为王答案

第❸关答案

10. 郭威和柴荣。

11. 公元947年—公元950年，仅存在四年。

12. 后周世宗柴荣。历史上有著名的三武一宗灭佛，三武是指北魏太武帝拓跋焘、北周武帝宇文邕、唐武宗李炎，一宗则是后周世宗。这四位皇帝在位期间，曾大肆灭佛毁佛。

13. 用来铸造钱币。

14. 赵匡胤。

1. 篡了吴王杨溥的权，并建立南唐。

2. 李存勖。

3. 公元925年11月，前蜀灭亡。

4. 李煜。

5. 吴国建于公元902年，建立者是杨行密。

6. 李煜。

7. 《花间集》共收录了晚唐至五代，18位花间派词人的作品，共500首，100卷。

8. 王建。

9. 钱镠。

10. 从公元937年—公元975年，38年。

11. 金陵。

12. 孟昶。

13. 他们是同一个人，徐知诰建立南唐后改名为李昪。

14. 后蜀后主孟昶的妃子。

15. 他是李世民三子李恪的后代。

16. 吴越国。

智者为王答案

第 ❹ 关答案

1. 王审知。

2. 南唐元宗李璟。

3. 闽国建立于公元909年，南平建立于公元924年，所以闽国建立早。

4. 南汉王刘岩娶了楚王马殷的女儿，他们结为了亲家。

5. 刘崇称耶律述律为"叔父"。

6. 公元917年，刘岩在广州建立南汉。

7. 钱镠。

8. 江陵。

9. 闽王王审知。

10. 海龙王。

11. 王审知。

12. 南汉灭亡于公元971年。

13. 开放了，南汉都城广州，在当时就是海外贸易的重要港口。

14. 两次。

15. 南唐元宗李璟。

16. 北汉，北汉建于公元951年，公元979年被宋太宗率兵灭亡。

17. 五代是指：后梁、后唐、后晋、后汉、后周；十国是指：南吴、南唐、前蜀、后蜀、吴越、闽国、南平、南汉、楚国、北汉。

18. 北汉皇帝刘崇。